明治図書

ICT活用から思考ツールまで

中学校国語の板書づくりアイデアブック

小林康宏 著

はじめに

　１つの教室に生徒が集い，同じ教材を使い，同じペースで授業を進めていくという現在の国語の授業スタイルを行っていく中で，板書は生徒の資質・能力向上にとって３つの大きな役割をもちます。

　１つは「学びの羅針盤」としての役割です。
　この授業がどこを目指しているのか，そして，目的地にどのようにして到達して行こうとしているのかを板書で示します。
　もちろん，授業の導入で教師が，
　「今日は，『少年の日の思い出』の主役の『僕』が，これまで苦労して集めたチョウをなぜつぶしてしまったのかについて考えよう」
と口頭で生徒に呼びかけても，生徒にとっては，今日の授業はどこを目指しているのかは十分に伝わります。
　けれども，それだけではやはり不十分でしょう。
　教室には，様々な個性をもった生徒がいます。今日の国語の授業を受ける気分も生徒により様々です。授業の導入で教師が伝えた言葉を集中して聞き取れた生徒もいれば，聞いていない生徒もいます。聞き取った学習課題を反芻したいと思う生徒もいます。授業の途中で，現在行っている活動に対して迷いをもち，本時の方向を確認したいと思う生徒もいます。従って，生徒にとっては，学習課題を筆頭に，本時の授業がどこに向かい，どうやって進むのかといったことが板書で明示されていることは，教師が思っている以上に大きな意味をもちます。
　一方，教師にとっても，授業の目的等を板書することは授業力向上にとって重要な意味をもちます。それは端的に言って，「学習の一貫性」を生徒に保障することです。国語でありがちなのは，教師と生徒の問答が繰り返され，どこまで行ったら本時のゴールにたどり着くのかわからない，ダラダラした

授業です。こういった「迷走」に陥らないためには，授業の導入での学習課題の板書の内容を吟味することが第一歩です。教師は，学習課題を板書し，本時のゴールを生徒に言わば宣言するわけです。そうすることにより，教師自身の中でもゴールが明確になり，ゴールに向かう一貫性のある授業を行おうという意識が高まるのです。

　２つめは，**「学びの共有の場」**としての役割です。

　生徒個々の発言は，音声言語ですから，すぐに消えていってしまいますが，板書することにより，それぞれが伝えたいことを黒板上に位置づけることができます。

　例えば，「少年の日の思い出」の主役の「僕」が，これまで苦労して集めたチョウをなぜつぶしてしまったのかという問いに対しては，「自分にはチョウを集める資格がないと思ったから」「集めたチョウを見ているとつらい気持ちになるから」など，様々な考えが出されます。

　生徒は，自分には思いもつかなかった考えであったり，違和感をもつ考えであったり，多様な考えと出会うことができます。他者の考えの内容を知り，意見交換することで，学びは深まり，また広がっていきます。

　また，板書された考えは，どこに着目して，どのような考え方をしたのかについて教師が生徒に説明させたり，生徒の説明を意味づけたりすることで，課題解決の力の高まりにつながります。つまり，板書された互いの学びそのものからも，また，板書されたことをきっかけにした活動からも学びの共有がなされていくのです。

　最後に，３つめとして**「学びの達成感」**をもたせる役割です。

　このように述べると「まとめ」とか「振り返り」を板書することというように理解する方も多いと思います。もちろん，学習課題と対応した授業のまとめを板書することは，課題に対する答えを獲得することになり，また，課題解決の方法の自覚化をすることにもなるので，重要なことです。

さらに，もっと大事なことは，学習課題から始まり，協働追究での自分の考えや仲間の考えが書き込まれた板書を見て，１時間の学習でのがんばりを確かめることでしょう。

　国語授業の板書は簡単ではありません。
　しかし，板書は生徒一人ひとりの追究のまなざしが輝き，仲間と刺激し合い，学びの満足感が広がる授業づくりの軸です。
　本書の提案が，読者の先生方の日々の授業の板書に，少しでも参考になれば幸いです。

2021年11月

小林康宏

もくじ

書くこと

第 1 章
毎日の
国語授業の
板書について
考える

1 板書の基本構成に必要な５つの要素

国語の授業の板書の基本構成は次の５つの要素から成り立っています。

①学習課題
②課題解決のための考え方（見通し）
③活動の進め方
④協働追究の過程・結果
⑤学習のまとめ

　１つめの「学習課題」は，大方の教師なら板書していることです。

　２つめの「課題解決のための考え方（見通し）」はどうでしょうか。３つめの「活動の進め方」と似てはいますが，それとは異なるものです。「活動の進め方」は，「１　個人で考えてみる／２　グループで相談」など，１時間の授業の流れを明示するものです。このような授業の流れを板書する場合は多くあると思いますが，「課題解決のための考え方（見通し）」については，多くの教師は板書していないのではないでしょうか。

　国語科の授業でずっと以前から課題になってきたこと，それは，「内容理解偏重」です。例えば『少年の日の思い出』。終末の場面でチョウを潰した「僕」の心情の解釈を確かで豊かな内容にすることに教師は満足感を覚えます。授業についてこられた生徒は達成感や充実感を覚えるでしょう。けれども，彼らは別の作品を提示すると，一人で解釈することはなかなかできません。その理由は，内容を理解するための「考え方」を学んでいないからです。そんなふうにならないように，生徒が学習課題を解決することとともに，課題解決のための考え方も獲得することができるようにするために，ここでは「②課題解決のための考え方（見通し）」を位置づけています。

　これら５つの要素をレイアウトすると，板書の基本構成は次の図のようになります。

学習課題　課題解決のための考え方（見通し）　活動の進め方　協働追究の過程・結果　学習のまとめ

　そして，これら５つの要素の内容・分量は，「話すこと・聞くこと」「書くこと」「読むこと」の領域等により変化します。

2　領域による板書内容の違い

(1)「話すこと・聞くこと」「書くこと」領域の板書で大事な３要素

　「話すこと・聞くこと」や「書くこと」は，生徒個々によって追究していくテーマが異なることが少なくありません。例えば，身近な生活をよくすることについてスピーチをつくるとき，Ａさんは「中学生もボランティアに参加しよう」というテーマ，Ｂさんは「あいさつ運動を広げよう」というテーマ，といった具合です。

　そこで，これらの領域での板書で重視することは次の３つです。１つめは，**「活動の進め方」**です。「本時をどのような流れで進め，何をどこまでできるようにするのか」を生徒がよくわかるように示すのです。２つめは，やはり**「課題解決のための考え方（見通し）」**です。例えば，スピーチの構成をつくるのであれば，「問いかけ―伝えたい中心―具体例―呼びかけ」のようにどのような考え方を使い表現していくのかについて示します。そして，３つめは，**「モデル」**です。これは板書の５つの要素としては，局面により，「課題解決のための考え方（見通し）」を具体化したものという役割であったり，「協働追究の過程・結果」を具体化したものとなったりします。生徒の活動に入る前に教師のモデルを見せて具体的にイメージをつかませたり，生徒が

つくっているものを見せて他の生徒の活動をよりよいものにしたりすること
を指します。

(2) 文学的文章の「場面読み」の板書で大事なのは教科書本文の提示

　個別のテーマに取り組む「話すこと・聞くこと」「書くこと」領域と比べ，
全体のテーマに歩調を合わせて取り組むことが多い「読むこと」領域では，
「活動の進め方」の板書はさほど強調する必要はありません。「課題解決のた
めの考え方（見通し）」と「協働追究の過程・結果」が大事になります。**読
み取るための考え方の明示は，個々の課題解決の充実を促し，協働追究の過
程・結果の明示は教室全体の課題解決の充実につながるから**です。

　まず，文学的文章の授業の板書についてです。文学的文章の解釈には大き
く２通りあります。大まかに言って，１つは特定の箇所を読むものであり，
もう１つは叙述を関係づけて読むものです。特定の場面を読む方法は，教材
と対話的に読ませたり，短い部分を詳しく読ませたりしたい場合に行います。
そのときには，デジタル教科書や模造紙を使いながら教科書本文を提示する
ことが必要です。こうすることで，生徒は「だれがどの叙述からどのように
考えているのか」がわかります。また，解釈した結果を前から順に見ていく
と，心情の変容等もよくわかります。

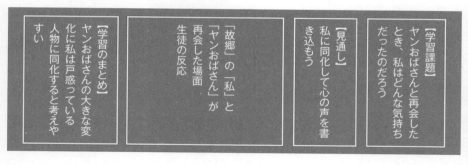

(3) 文学的文章の「叙述を関係付けた解釈」の板書で大事なのは構造化

　文学的文章の解釈の授業で最も多く行われるのは，叙述を関係づけた解釈

です。このような授業の場合，板書で大事になってくるのは「構造化」です。下の板書は『少年の日の思い出』の「僕」と「エーミール」のそれぞれの人物像を考えていく授業のものです。**「観点」を決めて，「叙述」を取り出し，「関係づけ（比較し）」て考えたことを書く**ようにしています。生徒の個性により，概念的思考を図式化することがかえってわかりにくくなる場合もあることに配慮しつつ，読みの構造化を促し，共有させていくことで，解釈を確かに，豊かにさせていきます。

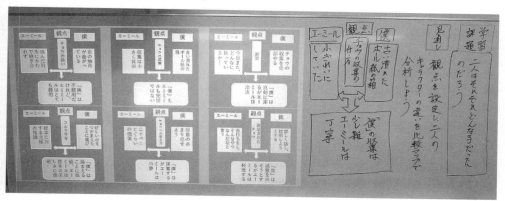

(4) 説明的文章の論理は図式化で明快に

説明的文章を理解させるために，意味段落の要点を表にまとめる授業もよくありますが，論理展開を意識させることで，内容理解は格段に進みます。

そこで，説明的文章の解釈では，**協働追究の過程・結果の箇所に，教材文の論理構造を図式化したものを位置づけていくこと**を大切にします。

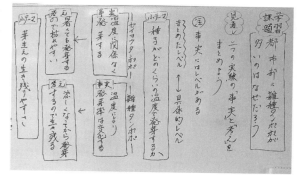

3 デジタルツールと手書きのよさを板書に生かす

デジタル教科書やタブレット端末を利用することにより，授業の効率は大きく高まります。けれども，手書きの板書のよさも大事にすべきです。

まず，手書きをする必要があるのは，「生徒にしっかりと意識させたいとき」です。それは生徒にノートを取らせたいときでもあります。スクリーンに活字をポンと映すのと違い，手書き板書は１文字ずつ書くので時間を必要とします。その時間が大切なのです。**板書している時間が，ノートに写す落ち着きを保障し，課題に対して考え始めるスイッチとなり，活動の進め方の理解へとつながります。**

次に，デジタルツールを使うとよいのは，「活動モデルを素早く提示したり，生徒の活動を素早く共有したりしたいとき」です。制作物等の教師の示範モデルや，意見の示範モデル等，「こんな感じのものができます」といったものは黒板に手書きで示すよりも，スクリーンにさっと映す方が授業のテンポもよくなりますし，効率的です。また，タブレット上に生徒の考えを記入させ，それを教師のところに送らせて全体に示すことで，生徒の反応を素早く共有することができます。意見がまとまった生徒に板書させる時間を省くことができますし，発言とともに文字も加わるので一層互いの考えがわかりやすくなります。

また，右のように，スクリーンにフォーマットを映し，電子ペン等で書き込みをすることにより，デジタルツールの素早さ，見やすさと，手書きの柔軟さを両立させる工夫も可能です。

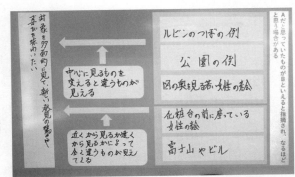

第2章
ICT 活用から思考ツールまで
板書づくりのアイデア
45

「How」を使って，
５つの言語意識を共有する

1　話すこと・聞くことの学習成功の基盤は５つの言語意識に

　「話すこと・聞くこと」領域の学習は，「読むこと」領域のように，考えを
つくっていくためのよりどころとなる内容が教科書にはありません。よりど
ころとなる内容は自分で調べたり，自分の体験を引き出したりする必要があ
ります。また，自分の体験や自分の考え方は，他者に向けて表現することも
必要になります。つまり，「話すこと・聞くこと」の学習は，大きなエネル
ギーを必要とするという性格があります。このため，この領域の活動は，生
徒にとっての意義が明確になっているかいないかで，取組への意欲が大きく
変わりますし，身につく力も大きく変わります。

　生徒の活動に対する意欲を高め，確実に力をつけるために必要なのが「５
つの言語意識」です。**「相手」「目的」「場（状況）」「方法」「評価」**の５つを
単元のはじめに意識づけることで生徒の意欲は高まり，確実に力がつきます。

本時の板書構成

> **板書のポイント**
> 「相手」「目的」「場（状況）」「方法」「評価」の５つの言語意識を板書
> しておく。その下に「How？」の問いを示し，観点に沿って具体化し
> た発言を書き，活動の見通しを鮮明にさせる。

2 「How?」の問いの連続から見通しをもつ

　５つの言語意識が備わっていれば，どんな題材でも話すこと・聞くことの学習が成功するわけではありません。やはりその時々の生徒のニーズに合う題材があることが大切です。

　そこで，ここでは「お互いをよく知り合う自己紹介」を題材とします。指導時期は１年生の１学期の前半です。生徒がともに学ぶ新しい仲間と関係を築いていきたいと思っている時期ですから，この題材にすることで生徒の興味関心は高まります。

　授業の導入では，新しい仲間が仲良くなるにはどうすればよいのかについて投げかけます。生徒からは「レクリエーションをしたい」などの考えが出されます。そういった中で，まずお互いの声をよく聞いて知り合おうといった流れをつくり「お互いをよく知り合う自己紹介をし合おう」という単元全体を通した学習課題を設定します。

　そのうえで，どんな自己紹介にするかを具体化することを投げかけ，見通しとして「How を意識して５つのポイントを共有しよう」をもたせます。このとき生徒は，「『How を意識する』ってどういうこと？」「『５つのポイント』って何？」という疑問をもちます。そこで，**自己紹介をし合うために必要な５つの言語意識を板書し，How，つまり「どのような」を具体化することを説明します**。生徒とのやりとりの中で各言語意識を具体化することによって，生徒は活動の意味を意識し，活動の見通しをもち，意欲的に学習に参加する態度をもちます。

階層化して，スピーチの材料をすっきり整理する

1　スピーチの成否はどれだけ具体化できるかにかかっている

　調べたことを発表するスピーチの場合には，話す内容の多くの部分は，自分が調べたことです。従って，きちんと調べておけば，スピーチが早く終わってしまうということは防ぐことができます。

　一方，自己紹介のスピーチの場合，話す内容は自分の中にあります。従って，自分の中に話す材料が乏しいとスピーチはすぐに終わってしまいます。

　そこでこの授業では，生徒の内面にある話す材料を取り出し，どの題材で話をしたらスピーチがすぐに終わらず，自分のことをよくわかってもらえるかを吟味して，題材を絞っていく活動を行います。

　そのためにつくるのが「階層マップ」です。

　一番上にテーマを書き，下にいくに従いどんどん内容を詳しくしていきます。そうすると，話したいと思っていたけれど，実は話す材料に乏しいとか，意識していなかったけれど，こんなに話す材料があったといった発見があり，たっぷり話せる話題を見つけることができます。

本時の板書構成

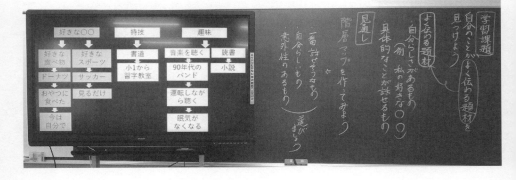

2　教師のモデルを見て，活動のイメージをもつ

　学習課題「自分のことがよく伝わる題材を見つけよう」を設定したら，どのような題材で，自分のことをよく伝えられるかについて考えさせます。

　生徒から「自分らしさがあるもの（例えば，趣味，特技，好きな○○）」「具体的なことが話せるもの」といった考えを引き出します。

　そして，聞く側としては具体的な話を聞くと楽しいし印象に残ることや，話す側としては話したいと漠然と思っても実際に話してみるとすぐに話し終わってしまうことがあることなどを伝えます。

　そのために，話してみたいことを書き出し，具体化して，どれだけ話せるかを確認し，題材を選ぶことができることを意識させたうえで，階層マップをつくってみることを投げかけます。

　ただし，具体的なイメージが浮かびにくい生徒も多いので，まずは教師が階層マップをつくって見せます。

教師　先生もつくってみました。まず，話してみたいことについて，大まかに書き出します。

　教師が自分のことを語ることで，生徒は安心し，自分のことを語ってもよいかなという気持ちになります。また，教師が自分のことを語ることは，生徒との信頼関係を築くためにも効果的ですから，このときには**できるだけ教師自身について語る**ことをおすすめします。

教師 先生は，話したいこととして「趣味」「特技」「好きな○○」について やってみました。このように大まかなところから出発してもよいです が，「中学に入って始めたサッカー部」のように，少し具体的なとこ ろから始めてもよいです。

まず「趣味」のところからつくっていきます。先生の趣味は「読書」 です。具体的には「小説」を読むのが好きです。このようにして矢印 をつけながらどんどん詳しくしていきます…（詳細は本項1ページ目 の板書中スクリーン参照）。

そして，生徒に「先生のもう1つの趣味は音楽です。具体的に，どんな音 楽が好きだと思いますか？」などと生徒に問いかけたりして，生徒の参加意 識を高めながら，階層マップをつくっていきます。

でき上がりを見せたところで，実際に話す題材を選ぶポイントについて考 えさせます。

教師 先生がつくった階層マップは，「趣味」の音楽を聴くことと，「好きな 食べ物」のドーナツを食べることが一番具体的になりました。どっち を選んでも1分間話せそうです。どちらも話したいと思い，迷ってし まいます。こんなときには，どうしたらよいでしょう？

生徒 2つのうち，どちらがより自分らしいかで判断するとよいと思います。

生徒 2つのうち，どちらの方が聞いていて意外だと思えるかで決めるとよ いと思います。意外な話を聞いた方が，印象に残るからです。

このようにして，生徒とやりとりする中で，話せそうなものが複数出てき たときの選択の仕方を押さえます。

3 各自で階層マップをつくっていく

教師のつくった階層マップでやり方をある程度つかんだら，生徒は個人追

究をして，自分の階層マップをつくっていきます。

　話してみたい題材を具体化していくのですが，実際にはどうすれば具体化できるのかがよくわからない生徒がいる場合もあります。

　教師は机間指導で，生徒の個人追究のはかどり具合を把握し，なかなか具体化していくことができない生徒が多くみられる場合には，いったん活動を止めます。

　階層マップの作成が進んでいる生徒にどんな考え方で進めているのかを尋ねるなどして，題材を「いつ」「どこで」「だれと」「（詳しく言うと）何」「なぜ」「どのような」といった５Ｗ１Ｈを観点にして具体化することができることを指導し，そのうえで，再び個人追究に戻します。

　なお，この活動は基本的にノートに書いていくことを想定していますが，タブレットを使えば，題材を決定した後，マップに書き出した内容の順序を変えるだけでスピーチの構成を整えることができます。

４　隣同士ペアになり，内容を増やす

　個人追究が進んできたら，生徒を隣同士でペアにして，どのような階層マップができたか説明し合わせます。ここでのねらいは，各自の内容をもう少し充実させることです。方法は２つです。

　１つは，見て，説明を受けて学ぶことです。隣の席の生徒の階層マップを見たり，説明を聞いたりして，自分では気づかなかった題材や観点，内容を見ることにより，自分の題材の具体化に生かすようにさせます。

　もう１つは，隣の席の生徒に質問をしてもらうことです。階層マップを見て，もっと説明してほしいことを聞いてもらうことにより，自分のマップの内容が増えていきます。

　ペア活動の後，自分のマップの内容を少し増やす時間を取り，実際に話す題材を決めさせます。

ポイントを絞り込んで，
相互評価を効果的に行う

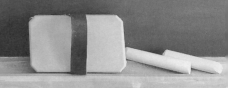

1　相互評価で力を伸ばし合う

　「話すこと・聞くこと」領域でスピーチしたり，話し合いをしたりしたことは，あっという間に消えていってしまいます。

　従って，一人ひとりの学習状況を教師が把握し，生徒の力を伸ばしていくためには，一人ひとり順番に活動させ確認することが必要なのですが，発表会は別にして，そんなことをしていたら，学習状況を把握するだけでも多くの時間がかかってしまいます。

　そこで効果的なのが，**相互評価を積極的に行うこと**です。

　隣の席同士やグループで，お互いのスピーチを見合い，聞き合い，アドバイスし合い，それを生かし合うという一連の流れが機能すれば，生徒の力は確実に伸びていきます。

　そのためには相互評価の方法にひと工夫が必要です。

本時の板書構成

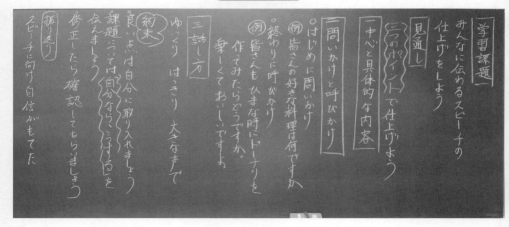

　相互評価のポイントを１つずつ示し，その都度評価をさせていく。そうすることで学習を焦点化する。

2　一つひとつ順番に評価する

　次時が発表会という段階，学習課題は「みんなに伝わるスピーチの仕上げをしよう」とします。

　課題達成への見通しを「３つのポイントで仕上げよう」とし，まず約束事を決めます。「相手のよい点は自分の参考にする」ということの他，**評価をする側は「課題だと思う点は『自分ならこうする』を伝える」ようにします**。相互評価をする場合，評価をする側は，「…の点をもう少し〜した方がよい」ということを伝えるのですが，それが抽象的なため，結局修正されないということがあります。しかし，「自分ならこうする」という形を取ることで，アドバイスが具体化し，修正しやすくなります。

　相互評価は順々に行います。３つの評価のポイントもその都度書きます。

　まず，「中心と具体的な内容」についてノートやタブレットを見ながらでよいので話をさせ，相互評価し合います。

　次に，「問いかけと呼びかけ」をつくらせます。そのうえで同様に話をさせ，相互評価させます。実際に話をしていくことを通して，生徒は少しずつ話すのが上手になっていきます。

　そして，「話し方（声の大きさ等の音声面）」の相互評価をします。相互評価の前に，具体的なポイントとして「ゆっくり，はっきり，大きな声」を示し，タブレットで録画しながら練習させます。そのうえで相互評価をします。その際，聞き手に録画してもらい，その動画を見ながら振り返ります。その後もう一度各自で練習する時間を取り，最後にもう一度相互評価をします。ここではよくなったことを伝え合い，発表への自信をもてるようにします。

モデルスライドの分析を，
プレゼンづくりに生かす

1 プレゼンテーションの成否はスライドにあり

　2年生の「話すこと・聞くこと」の学習では，プレゼンテーションソフトを活用して，調べたことや自分の考えを発表する活動を行うことがあります。

　何も資料を使わない場合と比べると，プレゼンテーションソフトを使って発表することには，何について，どんなことを伝えたいのかがよくわかるという利点があります。

　次に，参加者に手持ち資料を持たせただけで発表する場合と比べると，発表者が資料のどの点について発表しているのかがよくわかるという利点があります。同様の利点は，模造紙に書いた大型資料を見せる場合も共通しています。

　プレゼンテーションソフトを使った発表がさらに優れている点は，参加者の注意を一点に集中させることにあります。

　これだけ効果的なツールですが，丁寧に指導しないと生徒はきちんとつくれないので，本時はスライドのつくり方のポイントを具体的に指導します。

本時の板書構成

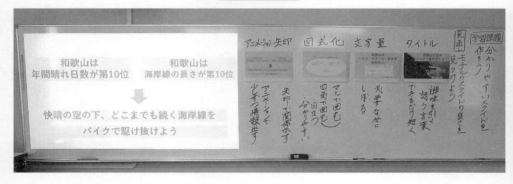

2　スライドは，端的かつ情報の関係性を明確に

　わかりやすいスライドにするための最低条件が２つあります。

　１つは，**端的に示すこと**です。もう少し詳しく言えば，説明等の言葉は短
く，一度に注目させる情報を少なくすることです。

　もう１つは，**情報同士の関係を示すこと**です。原因と結果を矢印でつない
だり，具体的な事柄を○で囲んで抽象化したラベルをつけたり，言葉にする
と「このことにより」とか「これらをまとめると」という部分をアニメーシ
ョンを使って矢印や○で表したりすることにより，発表者は思考が円滑に進
んで話しやすくなり，参加者の理解も進みます。

　「都道府県別統計とランキングで見る県民性」という web サイト※に，
様々な分野で各都道府県が No.1 であるデータが示されています。このデー
タから読み取れること・考察・提案という流れで構成メモをつくらせます。

　その次に構成メモからスライドをつくる授業を行います。スライドショー
を展開し，示範した後に，示範の際使用したスライドを印刷したものを掲示
し，**「タイトル」「スライド１枚あたりの文字量」「図式化」「矢印」「アニメ
ーション」**の５つの観点からよさを見つけさせます。

　示範後もプロジェクタの電源は入れておき，生徒がつくったスライドを映
して共有できるようにします。また，モデルのスライドを見て生徒が気づい
たことを残しておくため，スライドの拡大コピーと生徒の気づきを黒板に示
します。

※ https://todo-ran.com/

立場の違いの見える化で，多面的な見方を育てる

1 まず立場の違いを見えるようにする

　国際化が進み，また SNS の普及に伴い，人々の価値観は非常に多様化しています。

　生徒には，このような社会的状況の中，自分とは異なる立場の人に対して，争うのではなく，尊重し合い，折り合いをつけていく資質が求められています。加えて，中学2年の生徒の心の在りようを考えると，学校であったり，家族であったり自分を取り巻く様々な価値観に対して反発を感じる時期でもあります。そういった時期だからこそ，やはり他を尊重し，折り合いをつける力が必要となります。

　異なる立場を知り，理解し合っていくことを学ぶためには，異なる立場の考えを知る必要があります。そのために，話し合いの授業では，互いの立場やそう考えた理由について「見える化」することが重要になります。

本時の板書構成

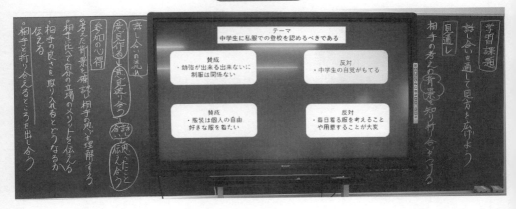

2　立場が違うことを知ったらどうするか

　本時は，「話し合いを通して見方を広げよう」を学習課題とし，「相手の考えの背景を知り，折り合いをつける」ことを見通しとして設定します。そうしたら，話し合いの流れを説明し，板書します。タブレット上で意見をつくり，お互いの意見を送り合い，話し合いをし，話し合いを経て思ったことをまとめるという流れです。

　次に「中学生に私服での登校を認めるべきである」といった話し合いのテーマを伝え，自分の考えと理由を書き，送り合わせます。この段階で，テーマに対して「賛成」「反対」といったお互いの立場と理由を相互に知り合うことができます。

　この後の話し合いで，お互いに相手の考えを否定し，自分の考えを主張するのでは，多面的な見方は育ちません。多面的な見方を育てるためには，ここから先が大切です。

　そこで，**話し合いに参加する際の心得について考えます。**「考えた背景を相手に質問し，相手の思いを理解する」「相手の立場の意見のデメリットを指摘し，自分の立場のメリットを伝える」「相手の立場に立脚したらどうなるか伝える」「相手と自分の折り合うところを出し合う」といった心得を共通理解させます。

　生徒は相手の立場の意見をタブレット上で確認しながら話し合いを進め，終了したら話し合いを経て自分の考えがどう変化したか，異なる立場の人と話し合うよさは何かをまとめます。

マッピングで，相手・目的に応じた スピーチを組み立てる

1 だれに何のために話すのかを前提にした構成を考える

　中学３年は義務教育の出口です。進学のために，高校入試で面接を受ける生徒もいるでしょう。また，就職したり，高校に入ってからアルバイトをしたりして，自分が日頃接している人以外の人と話をする機会が出てくる生徒もいるでしょう。この単元では，場面に応じてスピーチができるようになることを目指しています。しかし，学習の目的をスピーチができることにとどめるのではなく，活動をきっかけとして，自分の伝えたいことを理解してもらうためには相手や目的に応じて工夫して話をすることが大切だというところまで意識させたいところです。

　相手や目的によって構成を変える必要があることは，多くの生徒が頭の中ではよくわかっています。本時では，集めた材料を相手や目的により取捨選択し，並べ替える活動を行い，わかりやすさを検討することで，構成の仕方を実感的に捉えさせます。

本時の板書構成

見通しに沿って活動する　順番に並べる

2　相手・目的と構成のリンクを大切にする

　スピーチする材料は，本時の前にも
たせておきます。本時はまず，教師が
自作したマップを使って示範し，活動
の流れを理解させるようにします。生
徒は**「相手の具体化」「スピーチに必
要なこと」「スピーチの順序」**をスラ
イドに書きます。そのうえで，**手持ち
の材料をウェビングマップから取り出
して，構成マップに位置づけていきま
す**。その際，ウェビングマップになか
ったものはつけ足しをしていきます。

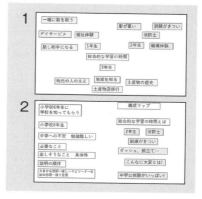

パワーポイントでつくったスライドの
テキストボックスをコピーして貼りつ
けたり動かしたりします。

材料の選択や並べ替えは自分が納得す
るものになるよう試行錯誤をさせます。構成マップができたら，隣同士でペ
アになって相手，目的に応じた構成になっているかを相互評価します。そこ
で得られた助言を基にして，構成マップを修正します。

　授業の後半では，つくった構成マップを電子黒板に映しながら，構成の意
図を説明し合う活動を行い，お互いの考えのよさを学び合います。そのうえ
でもう一度，相手，必要なこと，順序から考え直し，自分の構成マップを仕
上げます。次時には，相手に応じた言葉遣いや速さなどの工夫を入れて実際
に話してみます。

タブレットで撮影した姿を，視点を決めて評価する

1　話し合う実際の姿を見て実感的に学ぶ

　「話すこと・聞くこと」領域の学習は，声に出したら消えてしまいます。そこで，話し合う力を高めるために行うこの単元では，タブレットで動画を撮影し，実際に自分たちが話し合っている姿を見ることによって，学習の成果と課題を客観的，かつ実感的に認識させます。まず，テーマに応じた自分の考えをもたせ，話し合いの進め方を示します。３年生の話し合いでつけたいのは合意形成する力ですから，次に，合意形成していくためにどのように思考を働かせるとよいのかを確認します。進め方，思考の働かせ方については，しっかりと板書しておきます。特に思考の働かせ方については，授業のポイントになるので，意識して話し合いをするように指示します。そのうえで，授業全体の流れを示します。まず，代表グループに話し合いを行わせ，動画撮影します。それを全体で見て，ポイントが生かされているか確認します。その後，グループ同士ペアになり，片方が話し合いを，片方が撮影，視聴します。そして，ポイントが生かされているかを確認し，交代します。

本時の板書構成

画面に話し合いの動画を映す

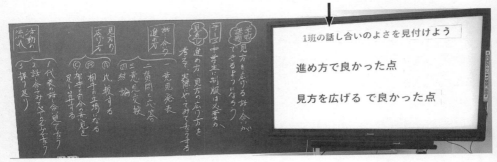

2 話し合いの進め方，思考の働かせ方，授業の流れを確認する

「見方を広げる話し合いができるようになろう」という本時の学習課題を設定し，話し合いのテーマ「中学生に制服は必要か」を示します。そうしたら，話し合いの進め方を説明し，「見方を広げる」ためにはどのような思考が必要なのかを生徒に尋ねます。

教師 話し合いをしていく中で，お互いが見方を広げるには，どのように考えて意見を出していけばよいでしょうか？

生徒 自分が考えている意見と，友だちが出してくれた意見を比較して，どちらがよいか考えてみるといいと思います。

教師 なるほど。比べてみて相手の意見の方が優れていて，それを受け入れれば，自分の考え方は確かに広がりますね（「比較する」と板書）。

生徒 でも，すべての面で，自分よりも優れているという意見はなかなかないと思います。それに，自分の意見の方が優れていると思ったら，見方は広がらないと思います。

生徒 確かに。じゃあ，まず相手がどんな立場から意見を言っているのか考えてみれば，見方は広がると思います。

教師 そうですね。相手の立場になってみると，確実に見方は広がりますね（「相手の立場になる」と板書）。では，それを自分の意見に生かしていくためにはどうしますか？

生徒 もともとある自分の意見に友だちの意見のよいところを取り入れれば，

自分の意見に生かせると思います。

生徒　もし，自分の意見と友だちの意見が賛成と反対みたいになっていたときには，２人の意見をたし算して，第三の考えをつくることができればいいと思います。

教師　友だちの意見を取り入れられるときは取り入れ，難しいときは新たな意見をつくってみることで，話し合いも解決に向けて進むし，自分の見方も広がりますね（「相手と自分の意見をたし算する」と板書）。

　以上のように，友だちの意見を聞いて自分の見方を広げていくための思考の働かせ方としての３点を押さえて端的に板書し，活動の流れを説明して板書します。

3　モデルグループの話し合いから学ぶ

　活動の流れを説明した後，１つのグループに司会を決めさせ，５分間話し合いをさせます。その様子を動画撮影して，撮影したものを全体で視聴して，話し合いの進め方や思考の働かせ方のポイントに沿って気づいたことを出し合います。こうすることで，代表のグループの話し合いは，**実際に話し合っている姿と動画の２回見ることになり，学習の姿をより確実に捉えることができます**。

教師　○班の話し合いの様子を見て，進め方でよかったことはありますか？

生徒　まず，全員が意見を出し合ってから次に進んでいったので，お互いの考えをちゃんと知り合えていました。

教師　意見を発表する場面で，お互いの考えを知り合ってから次に進んでいくと，最初の段階でのみんなの考えがわかり，見方を広げていくためのスタートに立つことができますね。
　では，見方を広げる点についてはどうでしたか？

生徒　制服反対と言っていた A さんが，B さんの制服は自立しつつある中

学生の姿を示すものと言っていたのに対して，「確かに私服だと子どもっぽくなるし…」と言って，相手の立場に立って見方を広げていたのがわかりました。

教師 「確かに」と言って，相手の立場に立ってみると，自分の意見の課題も見つかりますね。他にはどうですか？…

　モデルグループの話し合いの確認をすることで，見方を広げることの価値づけをし，意見への着目点を共有します。

4　2グループでペアになり，相互評価をする

　1つのグループの話し合いを5分，動画視聴を5分，意見交換を5分といったスケジュールで行うと，活動に緩みが生まれません。

　動画撮影は，話し合いをしない方の副班長が基本的には行うようにし，動画を撮影したタブレットを全員で見ながら振り返りをし，話し合いや振り返りの司会は班長が行うというように，明確な役割分担を事前に決めましょう。

生徒 私たちのグループの話し合いはどうでしたか。

生徒 制服賛成のCさんが，制服反対のDさんの意見を聞き，「一定期間を取って，制服，私服，どちらで登校してもよいというイベントを行い，制服の意味を考え合ったらいい」と言っていて，これが「考えのたし算」かと思ったし，見方を広げるとよい解決ができると思いました。

　終末での振り返りは，意見をかかわらせることができたかというレベルにとどまるのではなく，見方を広げる思考を働かせることにより，課題解決のための見方の幅が広がったかどうかの点について振り返らせ，見方を広げる思考の価値を実感させましょう。

どんな観点で課題をもったかを意識させる

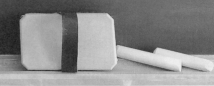

1 課題を見つけることに特化した1時間を設定する

　教師は生徒に，自ら課題を見つけて，解決方法を考えて，適切に課題を処理していく資質・能力を身につけさせたいと願います。

　しかし，現実はというと，教師が示した課題を受け身な形でこなしていくことを繰り返してしまっていることの方が多いのではないでしょうか。けれども，多くの生徒を相手にする一斉授業では，生徒それぞれの課題を追究させるのはなかなか難しいものですし，50分という限られた時間の中で，課題設定の時間を多く取れば取るほど，肝心の課題解決に使うことができる時間は削られてしまいます。

　そこで，課題を見つける意識・態度を育てるために，そのことに特化した1時間を設定します。課題を見つける回数をこなす中で，課題を見つける意識・態度を鍛えます。

本時の板書構成

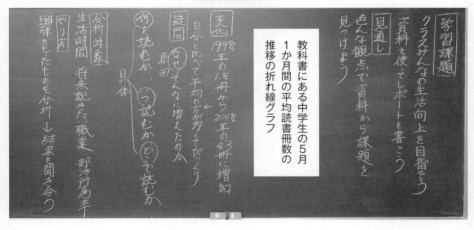

2　互いの考え方を生かし合う

　本時は，はじめに「中学生の5月1か月間の平均読書冊数の推移」の折れ線グラフを提示します（このグラフは，光村図書の教科書に掲載されていますが，全国学校図書館協議会の web サイト※でも見ることができます）。

　そして，グラフからわかることを尋ねます。すると，「1998年の1.8冊から2018年の4.3冊に増えている」「2017年には4.5冊だったけど4.3冊に減っている」といったことが指摘されます。

　わかったことを取り出したうえで，そこから疑問に思うことを尋ねます。わかったことは比較的すぐに出されますが，疑問に思うことはなかなか出てこないことが多いものです。それは，対象に対して問いをもつ経験が少ないからです。

　そこで，疑問をもてるようにしかけていきます。例えば「自分の読書量と比べるとどうですか？」と問い，「全国平均の方が多い」と答えた生徒には，「そのことから疑問に思うことはありませんか？」と尋ねると，「なぜそんなに本を読むのだろう」という「原因」を疑問としてあげる場合があります。他にも「自分は忙しくて本を読む時間がないのにいつ読むのだろう」とか「何を読むのだろう」といった疑問があげられます。

　教師はこれらから「いつ」「何」のような観点を取り出して意識づけていきます。このことが課題を見つける意識・態度を育てるうえで非常に大切になってきます。**一般化された観点をもつことで，別の資料に対してもそれらの観点を当てはめていくことで疑問をもつことができるようになります。**

※ https://www.j-sla.or.jp/material/research/dokusyotyousa.html

モデル文で，ゴールイメージを はっきりと示す

1 清書のモデルから「随筆」とは何かを知る

　「随筆」は2008年度版の小学校学習指導要領の５，６年の「書くこと」の言語活動例に記載されていましたが，2017年度版の小学校学習指導要領からは姿を消しています。

　反対に中学校学習指導要領では，2017年度版から１年の「書くこと」の言語活動例に随筆が登場しています。従って，入学してくる１年生は小学校では随筆を書いたことがないということを前提として単元を組む必要があります。

　そこでまず大切になることは，随筆とは何かを理解させ，「書いてみたいな」という気持ちをもたせることです。そのためには，**「がんばれば書けそうだ」というレベルで，楽しい内容の書かれている随筆のモデル文を示すことが最も効果的**です。

本時の板書構成

2 観点別に特徴を整理し，モデル文と結びつける

　授業の冒頭では，「感性を磨く」といった随筆を書く目的について共通理解させます。このことを押さえることで，単に文章表現の一様式を知り，技術を学ぶということではなく，自分がより豊かに生きるために随筆の書き方を学ぶという，学習の価値を意識させることができます。

　その後，随筆の定義を説明し，印刷したモデル文を配付します。モデル文は電子黒板でも提示します。モデル文を一読させ，気づいたことを少し出させた後，追究の見通し「モデル文を『題材』『構成』『表現』の観点で分析しよう」を設定します。

　生徒にはまず個人追究で，３つの観点に沿った分析をさせます。このときに，分析の根拠となるモデル文の該当箇所に傍線を引かせておきます。その後グループになり，各自が分析した結果を出させます。その際，類似したことは１つにまとめるようにさせます。

　グループ活動の後は，代表者からグループでまとめたことを発表させ，板書していきます。また，分析内容がモデル文のどの記述に基づくのかを言わせ，電子黒板に示したモデル文に傍線を引きます。

　各観点による分析をまとめた板書はノートに記録させ，各自に配られたモデル文にも落ちなく傍線を引かせます。また，モデル文にはないけれど，生徒の随筆には反映させたいことがあれば，教師側から示します。例えば，**構成として現在の状況を書き，過去にさかのぼるという方法や，表現として倒置法を使い，強調点を表すことなど**です。

イメージマップで題材を広げ，段階的な提示で見通しをもたせる

1　5つのステップを使いながら詩を書き，交流する

　学習指導要領の〔知識及び技能〕の「言葉の特徴や使い方に関する事項」に「表現の技法」という指導事項があります。内容は「比喩，反復，倒置，体言止めなどの技法を理解し使うこと」と記載されています。

　本時は，身近なことを取り上げ，構成を工夫して詩を書き，共有していく中で，比喩，反復，倒置，体言止めなどの技法を使っていきます。

　ただ，いきなり詩を書くことは大変難しいものです。そこで，5つのステップを使いながら詩を書き，交流していきます。このときに板書で意識したいのは，**アイデアの活性化と，活動の見通しをもたせること**です。

　まず，詩の題材となるものについて考えを出し合うことによって，何について書くかのイメージをもたせます。何について書くか定まったら，後はどのように進めていくかの見通しをもたせていきます。

本時の板書構成

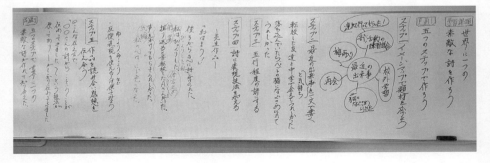

> 詩の題材探しではイメージを広げ，詩を書くときには具体的な見通し
> をもたせる。

2 ステップ1／詩の題材のイメージを広げる

どんなことについて詩が書けそうか，はじめにイメージを広げさせていきます。

教師 今日は，最近の出来事を1文で書き，それを基に世界に1つの素敵な
詩をつくっていきましょう（学習課題を板書）。

教師 いきなりはつくれないと思いますので，5つのステップでつくってい
きます（見通しを板書）。

教師 まずステップ1です。イメージマップで題材を広げてみましょう。最
近の出来事で，どんなことがありましたか？

生徒 部活動の練習試合。

生徒 校外学習。

教師 身近な小さな出来事でもいいですよ。

生徒 梅雨入りした。

教師 いいですね。ささやかな出来事から言葉を広げていくと素敵な詩にな
りますよ。では，黒板のように「最近の出来事」と書いて○で囲み，
そのまわりに具体的な出来事を「練習試合」とか「梅雨入り」といっ
たように書いていきましょう。5つ書いたら，先生に見せてください。

生徒 （書けたら発表させていく）

ややもすると行事や部活動ばかりになる傾向があるので，自然のことや友
だち関係などに視点を広げさせます。

3　ステップ2／最近の出来事を1文で書く

　続いて，イメージマップから詩を書けそうな題材を選び，1文で簡単に書かせます。

教師　では，次にステップ2に行きます。たくさんある題材の中から，これを詩にしたいなぁと思うものを1つ選んで，ノートに1文で書きましょう（ステップ2を板書）。もともと自分が考えたものではなく，イメージマップを見て思い浮かんだものでも構いません。

生徒　小学校のとき転校していった友だちと中学校で会えてうれしかった。

生徒　落ち込んでいるとき，飼っている猫に癒された。

生徒　部活動の練習試合にはじめて連れて行ってもらった。

教師　書けたら，隣同士でどんなことを書いたか伝え合って，お互いに参考にしましょう。

4　ステップ3／5行程度の詩にする

　次に，簡単な詩をつくってみます。

教師　1文にしたものを基にして，詩をつくります。まずは，3〜5行くらいの長さでつくってみましょう。コツはできるだけ説明にならないようにすること，つまり，具体的な出来事を書くということです（ステップ3を板書）。

　具体的な出来事を書くことを意識して簡単な詩をつくらせ，隣同士で確認させます。どんなことを書いてもよいことを伝え，安心して書かせます。

5　ステップ4／詩に表現技法を加える

　教師がつくったモデルを示して，どんな技法を加えていけるかを具体的に

イメージさせます。

　技法は小学校5，6年で学習済みなので，できるだけ生徒から引き出したいところです。

教師　先生も1つつくりました。少し表現技法を使って工夫してみたいと思います。どんな技法を知っていますか？

生徒　比喩です。

生徒　反復表現です。

生徒　倒置法や体言止めもあります。

教師　では，そういった工夫を使って先生の詩を直してみてください。

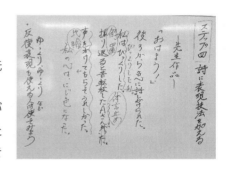

生徒　「振り返ると昔転校したAさんがいた」を「振り返ると昔転校したAさん」と体言止めにすると引き締まります。

教師　では，皆さんも自分の作品に少し工夫を加えてみましょう。

6　ステップ5／完成した作品を読み合い，感想を伝える

　でき上がった作品は，グループ内で読み合います。

　その際，読み手は，詩の感想を伝えます。このときに大切なことは，内容についての感想をもたせ，内容を充実させることに技法が貢献していることを意識させることです。

　そのために，「○○さんの詩から…ということが伝わってきました。〜という技法があったので，―がしっかりと伝わってきました」というような感想を表すためのフォーマットを板書で明確に示して，フォーマットに沿って感想を伝えさせます。

垂直線１本で，課題を分析する

1　見つけた課題を多面的に分析する

　２年生では意見文を書く学習をします。例えば「部活に入ることは必要か」「生徒会活動を積極的にやることに意味はあるのか」「先輩には敬語を使うべきか」など，身近なことから課題を設定して意見をつくっていきます。このときに大切なのは「独りよがりな意見」にならないことです。そのために大切なのは，自分の発見した課題についてまず多面的に分析することで，**垂直線を１本書いて，課題の長所や短所を分析するという方法**があります。

　垂直線の右側と左側とで立場を分け，課題について観点を設定して事象を取り上げて，長所や短所を判断していきます。例えば，「部活に入ることは必要か」という課題で，「時間の拘束」という観点を設定すると，部活に入ると「長時間拘束される」，部活に入らないと「自分の自由な時間が増える」といった結果になります。自由な時間が必要な生徒にとっては部活に入らない方が時間の拘束という点ではよいということになります。

本時の板書構成

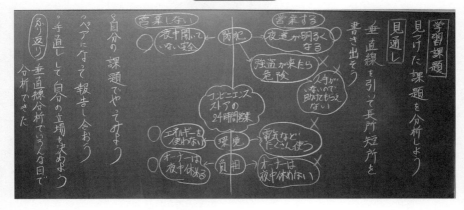

2　垂直線で分析する方法を知る

　本時に入る前に，意見文にまとめたい課題を各自でもっておけるようにします。

　本時は，それぞれがもっている課題について多面的に分析する時間にします。学習課題を「見つけた課題を分析しよう」とし，その達成のための見通しとして「垂直線を引いて長所短所を書き出そう」を設定します。

教師　前の時間にそれぞれが考えた課題に対して，賛成・反対の立場がすでに決まっている人もいると思います。でも，もう１回よく考えてみて，自分の立場を決めましょう。そのために，今日の学習課題は「見つけた課題を分析しよう」とします（学習課題を板書）。また，それができるための見通しを「垂直線を引いて長所短所を書き出そう」としましょう（見通しを板書）。

生徒　「垂直線を引いて長所短所を書き出す」って，何をするのかよくわかりません…。

教師　例えば「部活に入ることは必要か」という自分の見つけた課題について意見文を書く場合，「入る方がよい」「入らない方がよい」のどちらの立場に立つかを決める前に，それぞれのよさをたくさん知ってから判断する方がより客観的になるでしょう。そのために長所と短所を書き出します。それを表にまとめる方法もありますが，簡単に垂直線を１本引くだけでも分析できます。

教師 試しに先生と一緒に１つやってみましょう。ノートの新しいページの真ん中に垂直線を１本引きましょう。その中心に「コンビニエンスストアの24時間営業」と書いてください。そして右上に「営業する」左上に「営業しない」と書きましょう。

では，１つ分析してみましょう。垂直線上に「防犯」と書きます。これが「観点」になります。コンビニが24時間空いている場合，防犯のためによいこと，よくないこと，思いついたら出してください。

生徒 よくないことで，「深夜に強盗に入られる危険がある」があります。

教師 なるほど。そうしたら「防犯」から「営業する」のエリアに線を引いて「強盗に入られる危険」と書き，その隣に×を書きましょう。他にはどうですか？

生徒 よいことで，「深夜の帰宅のとき灯りがついていて安心」というのがあります。

教師 これも「営業する」の方に線を引いて書きましょう。１つの観点に対していくつかの事柄を書いてもよいですね。では，「営業しない」の方にはありますか？

生徒 「夜中閉まっているのでお店の人は安心」です。

教師 そうですね。では「営業しない」の方に書きましょう。このようにして，観点を１つ決めてどんなことがあるかを書き込み，それが長所であるか短所であるか判断して○×を書きます。５分くらい時間を取るので自分でもやってみましょう。

　以上のように，活動の意味を説明し，１つ全体で分析してみたら，各自で分析させ，共有します。

教師 どんな観点で分析して，どのような結果になりましたか？

生徒 「便利さ」を観点にすると，「営業する」の方は「夜中に小さい子が熱を出したときに氷などを買いに行ける」，「営業しない」の方は「夜中

の緊急事態に対応できない」となって，「営業する」の方に○をつけました。

　このようにして，各自が分析したことを発表させていきます。そうすることで，多面的な結果が表れるので，1つの課題に対してもいろいろな見方ができることを理解させることができ，分析した後で自分の立場を決めることのよさを意識することにつながります。

3　自分の課題に取り組む

　全体で1つの課題を扱うことによって，活動の進め方や意味が理解できたら，今度は各自で自分の課題についての分析を行います。できるだけ多くの観点で分析したり，多くの事象を書き出したりするように指示します。

4　同じ課題同士ペアになって考えを確かめ，広げる

　個人追究が終わったら，基本的に同じ課題で分析した生徒同士でペアになり，学習した内容を伝え合います。

　同じ課題の生徒がいない場合には，教師が確認したり，似ている課題の生徒同士でペアにしたりします。

　ペアで分析結果を伝え合うことで，自分の分析が正しく行えているかということを確認し合います。

　また，ペアになった相手が，自分にはない観点で分析していた場合には，参考にさせます。

　ペアになってお互いの考えを知り合った後は，もう一度自分の分析を見直し，つけ加えなどをします。そのうえで，自分の立場を決めていきます。多面的に分析してみることにより，授業のはじめの立場とは異なる立場をとる生徒も現れます。

ルートマップで，
論の筋道をしっかり示す

1　骨組みのしっかりした意見文を書く

　客観性が高く，説得力のある意見文は，筆者の独善的な考えに偏らず，多面的な見方のうえに書かれています。

　そこで，この時間は「ルートマップ」を使い，多面的な見方を表しながら，筋道立てて述べていくための骨格をつくっていきます。ルートマップを作成したうえで，タブレットで意見文を書いていきます。

　ルートマップの要素は，**「主張」「根拠・理由」「反論」「再反論」「主張の繰り返し」**です。いったん筆者の主張を述べた後，反論したうえで，反論を納得させるような再反論を行うことにより，意見はより深まり，説得力の高いものとなります。

　ルートマップをつくるうえで最も大切なのは，**（主張に根拠・理由を合わせた）意見―反論―再反論の関係の整合が取れていること**です。

本時の板書構成

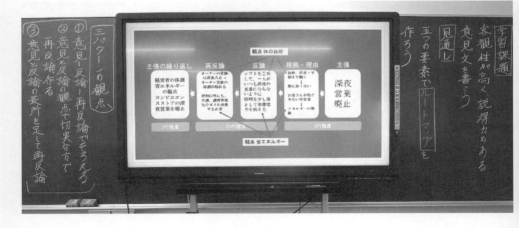

2　意見—反論—再反論の整合を取る

　意見—反論—再反論の関係の整合を取るためには，意見—反論—再反論の「観点」をそろえることです。

　また，意見の観点と反論の観点が異なり，どちらの観点の方が切実かという判断をして再反論をつくる，というものもあります。ただ，この場合だと，議論が拡散してしまう恐れがあります。

　さらに，意見で述べたことと反論で述べたことの両方のよい点をあわせて再反論をつくる，というものもあります。

　上にあげた３つの考え方を示し，自分の課題に合わせて選択させます。

　生徒にルートマップの５つの要素だけ示してもなかなか理解させることは難しいので，「コンビニエンスストアの24時間営業は必要か」といったテーマで教師が作成したルートマップをまずモデルとして示します。できるだけ生徒の活動時間を確保するため，あらかじめルートマップの内容は埋めておき，電子黒板で提示しますが，**生徒とやりとりしながら段階的に示していくことで関心が高まり，理解が進みます。**

　そして生徒にルートマップをつくらせていきますが，意見—反論—再反論の部分は難しいものです。そこでまず，自分でいったん考えさせてから隣の席の生徒に意見を伝え，反論してもらいます。そして，その反論に対して意見を考えて伝えてみます。このような活動を繰り返して，考え方に慣れさせます。

１ステップごとに板書し，具体例で活動の イメージをはっきりさせる

1 ほんの小さな出来事を短歌に変える感性を養う

　当たり前の日常を，輝きを放つものに変える。中学校生活の中でも最も多感な中学２年の生徒に，そんなみずみずしい感性を育てたいものです。

　そのために効果的なのが，１文から短歌をつくるという活動です。短歌や俳句といった短詩型文学作品は，日常生活で生徒が目にすることはあまりありません。また，学校の授業でも，積極的に短歌や俳句をつくることはないため，生徒にとっては縁遠く，何となく難しいものという印象があります。

　けれども，実際につくってみると，さほど難しいものではありません。また，つくり慣れていくことによって，対象を切り取る感性や，表現力も磨かれていきます。そのための第一歩として，この時間では１文からちょっと素敵な短歌がつくれることの楽しさを味わわせます。

本時の板書構成

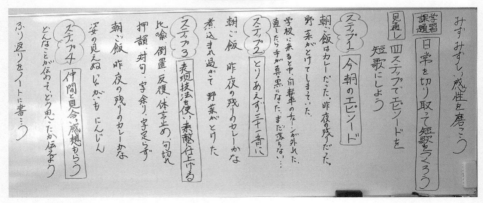

2　ステップと例を示し，易しくつくる

　本時は次の４つのステップを踏み，短歌を一首制作し，見合います。

ステップ１　今朝のエピソードを思い出す
ステップ２　とりあえず31音にする
ステップ３　表現技法を使い素敵に仕上げる
ステップ４　仲間と見合い感想をもらう

　まず，今朝起きた出来事を思い出させます。ここでどれだけ日常の些細な出来事が出るかが勝負です。「朝起きてから１時間目が始まるまでの出来事を１つ詳しく思い出しましょう」と投げかけ，「朝ごはんはカレーだった。昨夜の残りだった。野菜がとろとろだった」など，詳しくあげさせます。

　次に，１文を31音の短歌の形に整えます。その際，**ステップ１であげられたものを１つ取り上げて短歌の例を示すと，具体的なイメージがつかみやすくなります。**

　31音で整えられたら，短歌を格好よくするため，知っている表現技法を尋ねます。比喩，倒置，反復，体言止め，句切れ，押韻，対句，字余り，字足らず等，教師が補足しながら多様な技法を確認し，各自の短歌に技法を入れて清書させます。このときも**全体で一首つくってみると技法の効果が実感できます。**

　清書ができたら互いの作品を鑑賞し合います。

付箋を電子黒板に映し，グループごとの分析結果を共有する

1 適切に「批評」する態度を養う

　3年の「書くこと」と「読むこと」の言語活動例に「批評」があります。中学校学習指導要領解説によると，批評するとは「そのものの特性や価値などについて，根拠をもって論じたり評価したりすること」です。批評というと，対象の欠点等を指摘するという印象がありますが，そうではありません。情報化が進んだ今日，接した情報を信じ込んでしまうのではなく，批評により客観性や信頼性を吟味して取捨選択する力をつけたいものです。

　適切に批評する力をつけるためにまず大切なことは，「観点」を決めて対象を見ることです。対象を印象で評価してしまうのではなく，観点を決めて分析することにより，批評に客観性と説得力が生まれます。また，多様な観点や主張に触れることで，対象を見る目が豊かになり，妥当性の高い判断ができるようになります。

本時の板書構成

2　互いの考え方を生かし合う

　本時はまず，自分なりの観点で3枚のポスターを分析します。「3枚のポ
スターを批評しよう」という学習課題を設定した後，すぐに各自で分析を始
めるのは得策ではありません。おおざっぱな印象の批評になってしまうこと
があるからです。

　そこでまず，例えば「ポスターの色」等の観点を教師側から示し，その観
点に基づいてそれぞれのポスターを見て感じたことを言わせます。こうする
ことで，活動のやり方を共通理解させます。

　次に，ポスターを分析していく観点を生徒にあげさせます。「文字の内容」
「文字の大きさ」「文字の量」「描かれているもの」「文字と描かれているもの
の関係」などを出させ，それぞれの観点に基づいた分析を各自にさせていき
ます。その際，タブレットに表をつくらせ，各自の分析を付箋にして貼らせ
ていきます。

　そして，グループになり，各観点に沿って生徒が分析した結果を書いた付
箋を送り合い，共有します。

　グループでまとめたものは電子黒板に映し，各グループの分析結果を発表
させていきます。他のグループの発表を聞き，自分にない分析で，なるほど
と思うものを自分の表に増やしていきます。このようにして，個人，自分の
グループ，他のグループと3段階での分析と情報共有をしていくことにより，
互いの批評の内容を豊かにしていきます。

カードをつなげて，事実と考えをはっきり分ける

1 「事実」にはレベルがある

　教科書では「事実」の定義として「確かなこと」と説明されています。一方，「考え」については「推測」や「意見」という定義がなされています。生徒に指導しにくいのは，どこまでが事実でどこからが考えかというそれぞれの範囲です。特に，事実については，具体的な事実と抽象的な事実という違いを認識していないと，数字が書かれたデータ以外は考えということになってしまいます。

　本教材でも，タンポポの温度の変化と発芽率を示したグラフからわかることを具体的に述べた箇所もあれば，具体的なことを抽象化した内容を述べた箇所もあります。生徒には事実のレベルを示すことと，どのレベルでの事実を取り出させるのかを明示することが焦点的な追究につながります。

　さらに本教材では，はじめの実験では考えだったことが，2回目の実験をすることで事実に変わるおもしろさにも触れさせることができます。

本時の板書構成

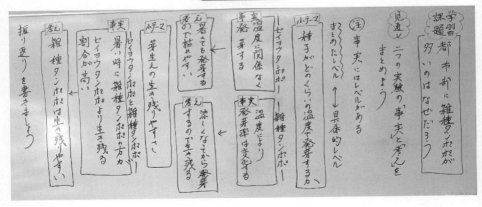

> **板書のポイント**
> 「小テーマ」「事実」「考え」の３つのカードを用意して必要な事項を書き込み，情報を焦点化したうえで，適切なつながりになっているかを検討させる。

2　３つのカードを適切につなげる

　本時は「都市部に雑種タンポポが多いのはなぜか」を読み取ることを課題として展開していきます。そのために，２つの実験の事実と考察をまとめさせていきます。

　具体的な事実と抽象的な事実の違いについて説明したうえで，「小テーマ（何について調べたことか）」「事実」「考え」の３つのカードを示し，それぞれについて該当することを書き込んでいくよう指示します。

　まず，活動の仕方についてのイメージをもたせるために，一斉指導で「種子がどの温度でどのくらい発芽するか」を小テーマにして，セイヨウタンポポについての事実と考えをまとめます。**黒板上にまとめたもので，小テーマから事実，意見が適切につながっているかを確認させます。**

　続いて，各自で雑種タンポポについての事実と考えをまとめさせます。各自でまとめられたらペアになり，まとめたものを確認し合って，発表させていきます。

　そして，次の小テーマ「芽生えの生き残りやすさ」についての検討に入ります。ここでは，セイヨウタンポポと雑種タンポポがまとめて述べられていることに気づかせてから，各自で事実と考えを取り出させます。その後ペアで確認後，発表させていきます。

　追究結果が課題に対する答えになっているか確認させ，１つめの実験での考えが２つめの実験では事実に変化していることにも気づかせます。

根拠―理由―主張マップで，事実と意見を整理する

1　「根拠」と「主張」の間には「理由」がある

　学習指導要領の「読むこと」の指導事項に「ア　文章の中心的な部分と付加的な部分，事実と意見との関係などについて叙述を基に捉え，要旨を把握すること」があります。

　ここでは「事実と意見との関係」と2つの要素で書かれていますが，事実と意見は「根拠」「理由」「主張」の3つの要素から成り立っています。例えば，『少年の日の思い出』。「僕」がチョウをつぶした箇所での「僕」の気持ちを「自暴自棄」と解釈する生徒もいますし，「深い反省」と捉える生徒もいるでしょう。同じ根拠を基にしても，根拠と主張の間をつなぐ考えである理由のつけ方によって主張は異なります。

　国語の力をつけるばかりではなく，多様な考え方を受容し，よりよい課題解決の力をつけるためにも，根拠―理由―主張の3点セットを意識させることは大変重要です。本教材はその力をつけるために最適な教材です。

本時の板書構成

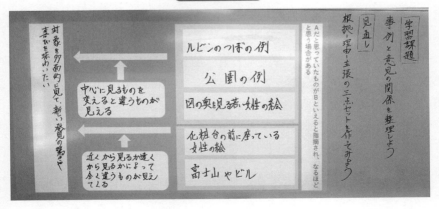

2 図式化して，根拠―理由―主張の関係を捉える

本教材は，「ルビンのつぼ」「公園」「図の奥を見る若い女性の絵」を根拠にし，「中心に見るもの」を変えると違うものが見えるという理由づけをして，「対象を多面的に見て，新しい発見の驚きや喜びを味わいたい」という主張を述べています。また，「化粧台の前に座っている女性の絵」「富士山とビル」を根拠にし，「近くから見るか遠くから見るか」によってまったく違うものが見えてくるという理由づけをして，やはり「対象を多面的に見て，新しい発見の驚きや喜びを味わいたい」という主張を述べています。教科書に掲載されている多くの説明的文章が，結論部分になると，それまでの論証では出てこなかった事柄が持ち出されている場合がありますが，本教材は取り上げた事例とそこから述べられることに対して誠実です。

従って，生徒も迷いなく3点セットをつくることができ，結論部分で述べていることが過不足なく本論と対応していることに，本教材の論証の美しさを感じることができます。

根拠―理由―主張の関係は，図式化することでわかりやすくなります。授業では，**教材文を三者の関係がわかるよう図式化し，内容を空欄にしたものを黒板に提示します**。「ルビンのつぼ」の例について全体で扱い，その後は，個人追究をさせた後，グループ，全体で確認していきます。

理由づけの言葉は，教科書に書かれている言葉の抜き出しではうまくはまらない場合があります。その際は，意味が変わらないように注意して，自分で考えさせます。

思考ツールで，３つの思考様式を図式化する

1　規準をもたせることで効果の評価ができる

　本教材では，文章の構成を捉えることとともに，「文章の構成や展開，表現の効果について，根拠を明確にして考えること」（学習指導要領の「読むこと」のエ）の指導を行います。「効果」についての評価をしていくために必要なのは，「規準」です。人が文章を読んで「わかりやすいなぁ」と感じるときは，例えば，抽象的な概念を述べた後に具体的なエピソードを述べるといったように一般的な規準があります。

　ここでは，生徒に規準をもたせ，文章の書き方を照らし合わせていくことで，文章の論理展開の効果について考えさせていきます。

　規準として示すのは，説明文で用いられている基本的な概念的思考である「比較」「具体化・抽象化」「因果」の３つの思考様式です。本文の中でこれらが位置づいているところを見つけさせ，実際にわかりやすいか確認して，実感的な理解を促します。

本時の板書構成

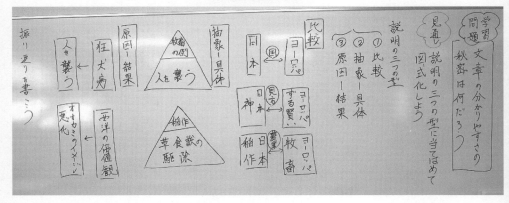

2 思考の型を図式化し，黒板上に残す

本時で大切なことが2つあります。

1つめは，本教材の論理展開で使われている思考の型をわかりやすく示すことです。そのためには，それぞれの思考の型を図式化することが最も適しています。その際に2つ重要なことがあります。1つは，**モデルを示すこと**で，もう1つは，できれば**生徒にどのように図式化するとわかりやすいのか考えさせること**です。思考ツールをはじめとして思考を図式化したものは，与える側はわかりやすいだろうと思って示しても，生徒によってはわかりにくいということがあるからです。

本時で大切なことの2つめは，図式化したものを黒板上に残すことです。3つの思考の型を扱うので，**電子黒板等を使って生徒の追究をまとめていくと，次の思考の型を扱うときには前のものは消えてしまうから**です。

比較

具体―抽象

因果

各自の考えのポイントを
電子黒板に映し，共有する

1 他者と考えを共有し，自分の考えに生かす

　本時は「文章を読んで理解したことに基づいて，自分の考えを確かなものにすること」（学習指導要領の「読むこと」のオ）についての授業です。

　ここで，間違えやすいのは「自分の考えを確かなものにすること」の意味です。「文章を読み，しっかりと理解して自分の考えをもてばよい」と思いがちですが，多くの生徒が学ぶ授業において大切なのは，仲間の考えに触れ，刺激を受けたうえで自分の考えをもつことです。

　そのためには，まず基になる自分の考えをもつことが必要です。本時では，「自分が最も印象に残った箇所」を書き，「なぜそこが最も印象に残ったのか」の理由を書き，そのうえで「今後，自分はどのような意識・態度でニュースと接するか」を書きます。

　それぞれがきちんと書いたものを伝え，自分が書いたものと比較しながら聞くことにより，改めて自分の考えをもつようにします。

本時の板書構成

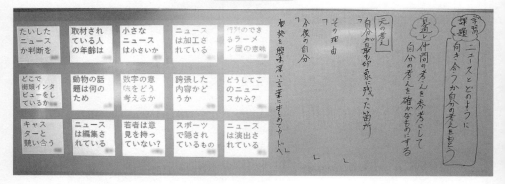

> **板書のポイント**
> 　意見のつくり方のフォーマットを板書して，モデルとして活用する。
> また，それぞれの生徒の考えのポイントとなることを電子黒板に映し，
> 共有する。

2　お互いの考えに関心をもつしかけを

　本時中盤では，教材文を読み，考えたことについての交流を行います。

　生徒は，まずフォーマットに沿って自分の考えをもちます。そのうえで，
自分の考えのポイントとなることを，タブレット端末を使ってカードに端的
に記入し，教師に送ります。教師は生徒から集めたカードを１枚のシートに
貼って電子黒板に映し，それを見た生徒は自分が関心をもった内容のカード
を書いた生徒のところに行き，詳しく話を聞くとともに，自分が考えたこと
も伝え，意見交換します。

　この活動を進めるうえで大切になるのは，カードに何を書かせるかという
ことです。

　他者の考え方に学び，自分の考えを再構築するという本時の趣旨から言え
ば，生徒が書いたカードが全員分示されたときに，異なっているものが多い
ことが望ましいわけです。

　本教材は，ニュースは編集されているという現実を示したうえで，どのよ
うにニュースに対峙していくかということを具体的に述べており，その内容
は突飛なものではありません。従って，「今後，自分はどのような意識・態
度でニュースと接するか」については，重なる内容が多くなります。

　一方で，「自分が最も印象に残った箇所」については，生徒個々により幅
があります。従って，**カードには，教材文で自分が最も印象に残った箇所に
ついて端的に書かせると，内容に幅が出て，互いの考えへの関心が高まりま
す。**

過去―現在―未来ピラミッドで，内容を整理する

1 過去のイースター島と現代の地球をつなげる

　本教材は，記述の多くがイースター島のモアイ像がどのようにして建てられたのかということで占められています。教材文冒頭で「いったいこの膨大な数の巨像を誰が作り，あれほど大きな像をどうやって運んだのか」という問いが投げかけられていることもあり，読者の意識は，いわば「モアイの不思議」を探るといった謎解きに向けられる傾向があります。けれども，筆者の意図は，モアイ像にまつわる謎解きにとどまるものではなく，イースター島の興亡の歴史を引き合いに出すことを通して，現代の地球の危機的状況を訴えることにあります。

　従って，指導においては，モアイ像にまつわる記述の読みにとどまりがちな生徒の意識を，イースター島の興亡と現代の地球の危機的状況のつながりへと向ける必要があります。その際に効果的なのが，過去―現在―未来の整理です。

本時の板書構成

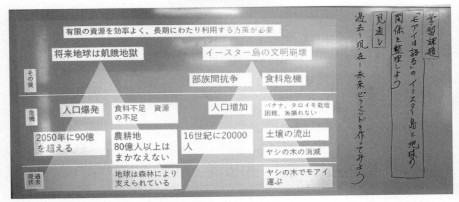

2 階層をそろえてピラミッドをつくる

　筆者は，イースター島で調査したことを基にして，ヤシの木が枯渇したことによる森林資源の消滅，そして，文明が崩壊したことを述べ，同様のことを現代の地球に当てはめています。これらのことを導入で生徒と確認し「『モアイは語る』のイースター島と地球の関係を整理しよう」という学習課題を設定し，スクリーンに空欄をつけた２つのピラミッドを示します。生徒にはノートにピラミッドを書かせます（右をイースター島，左を現代の地球とします）。そして，「過去―現在―未来ピラミッドをつくってみよう」という見通しを設定します。

　まず，筆者の主張「今あるこの有限の資源をできるだけ効率よく，長期にわたって利用する方策を考えなければならない」を最終段落から取り出して板書し，イースター島が結局どうなったか，筆者は地球の将来の何を危惧しているかをピラミッドの一番上に書かせ，全体で確認します。そして，ピラミッドが「過去・現状」「危機」「その後」の三層に分かれていることに気づかせます。そうしたら，はじめにイースター島について全体指導の中でまとめていきます。過去から，危機，その後について教科書から取り出させ，全体で確認します。次に，現代の地球についてまとめていきます。イースター島についてと同様のやり方を使えばよいので，はじめに個人追究をさせます。次に，ペア，あるいはグループで確認し合い，自分の考えを修正して，全体追究の中で発表させます。このとき，教科書からそのまま抜き出すと時間がかかるものが多いので，要点だけ書くことがポイントです。

主張と根拠の関係を図式化し、観点を決めて説明文を比較する

1 主張の違いがなぜ生まれるのかを考える

　本単元で取り上げる２つの教材「黄金の扇風機」と「サハラ砂漠の茶会」は、両方とも「美」について述べていますが、主張するところはまったく異なります。「黄金の扇風機」は「美しさとはさまざま」と述べていますが、「サハラ砂漠の茶会」は「美しいものはだれが見ても美しい」と述べています。同じことが言葉を変えながら繰り返し述べられていますので、真っ向から違う主張を読み取るのはさほど難しいことではありません。肝心なのは、２つの異なる主張のどちらに共感するかという意識を生徒にもたせるのではなく、なぜこのような違いが生まれてきたのかをまず考えさせることです。「黄金の扇風機」では、エジプトで感じた違和感が基になっており、「サハラ砂漠の茶会」ではベドウィン族との交流により生まれた共感が基になっています。このようにすることで、生徒の意識を筆者に寄せたうえで、次時にどちらに共感するかを扱うことで、深みのある考えにつながります。

本時の板書構成

2　2つの説明文の違いを端的に示す

　本時は，2つの説明文における「美」の違いの背景は何かを学習課題として活動していきます。

　そのためには，次のことが必要となります。

　まず，それぞれの説明文において「美」とは何かに関する主張を取り出し，さらに，主張を導いた根拠を取り出させます。その際，根拠，主張ともに，できるだけ端的に取り出させることが大切です。端的な言葉で取り出そうとすることによって，出来事の中心を把握しようという意識が働きます。また，ノートに書いたり，板書したりする内容も，すっきりして理解がしやすくなります。そこで，板書したり，ノートに書かせたりする際には，**主張と根拠の関係を図式化して，一層見やすくさせます。**

　次に，観点を設定して，それぞれの説明文が主張している「美」の違いを鮮明にします。ここまでは，教科書に書いてあることを取り出していけばできることです。それらのうえで，根拠に目をつけて，なぜ主張の違いが生まれてきたのかについて考えさせます。この答えは，教科書には書いてありません。それぞれの筆者の体験を比較して生徒たち自身が考える活動になります。違和感を覚えた体験，共鳴した体験という大きなくくりで解釈できるものの，考えに幅が生まれる活動です。この活動には，時間をしっかり取るようにしたいところです。

観点ごとに，説得力のある文章の条件を整理する

1　持ち合わせている知識を活用する

　本時は「文章の構成や論理の展開，表現の仕方について評価すること」（学習指導要領の「読むこと」のウ）の指導を行います。

　３年に至るまでに生徒は，説得力のある文章とはどのようなものかを学んできています。そこで，授業のはじめに，これまで学んできた説得力のある文章の条件を生徒から出させます。

　内容面として「話題が一貫している」「結論が自分の感覚と共通している」「具体例がある」，構成面として「序論—本論—結論になっている」「反論—再反論がある」，論理面として「比較して説明している」「原因—結果の形になっている」「具体—抽象になっている」，表現面として「接続語がある」「ナンバリングがある」というように，観点に沿って生徒にあげさせます。観点に対応している箇所を見つけ，観点であげられていないけれど説得力があると感じる箇所もあげさせ，それはなぜかを考えさせます。

本時の板書構成

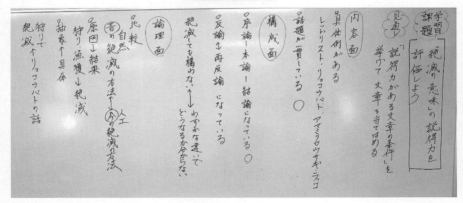

> **板書のポイント**
> まずは「内容」「構成」「論理」「表現」の４つの観点に分け，具体を
> 書き込むスペースを空けながら説得力がある文章の条件を板書していく。

2　観点の区別をしっかり押さえる

　説得力のある文章の条件をあげさせる際，「内容」「構成」「論理」「表現」
という４つの観点で考えさせることが，学習指導要領の指導事項の実現を図
るうえで適切です。

　しかし，これら４つの区別はなかなか難しいものです。「内容なのか表現
なのか」「構成なのか論理なのか」といった区別については，観点を提示す
る際に定義を生徒にわかりやすく示すことが必要です。

　「内容」は文章に書かれていた事柄そのもの，「表現」は事柄の表し方の工
夫，「構成」は文章の組み立て方，「論理」は文章を組み立てる際の考え方と
なりますが，このような説明では，かえってわかりにくくなってしまうでし
ょう。

　そこで，「表現」や「論理」については，**例を示すことで具体的なイメー
ジをもたせます**。

　例えば，「表現」であれば「である」「と考えられる」等の文末表現，「論
理」であれば概念的思考の１つである「分類」等を例示することで，生徒は
具体的なイメージをもつことができます。

　観点に沿って生徒からあげられた具体的な条件を板書する際には，**条件ご
とに少しスペースを空けます**。生徒にも同様の形でノートをつくらせ，スペ
ースのところに自分が発見した具体を書かせていきます。このときに，教科
書からそのまま抜き出すと時間がかかるものが多いので，要点的に書かせる
ことが大切です。

観点を決めて内容を整理し，論説文を比較，評価する

1 比較によって共通点を見いだす

　「人工知能との未来」と「人間と人工知能と創造性」は，いずれも人工知能と人間との共存の在り方を述べた論説文です。

　将来，人工知能に人間の仕事が取って代わられてしまうだろうから，人工知能を導入する分野に規制をかけるべきといった主張をどちらかがしているわけではありません。両方とも，人工知能と人間がそれぞれよいところを出し合い共存していくべきという考えを述べています。

　「比較」というと，両者の相違点を発見して，「こちらの方が筋が通っている」とか「こちらの方が共感しやすい」といった判断をするイメージがありますが，この２つの教材では，むしろ比較によって共通点を見いだし，厚みを増した論に対して，自分の考えをもつことが，無理のない学習になります。

本時の板書構成

2　3ステップで考えをつくって共有する

　学習課題「２つの論説文に対する自分の考えをもとう」を設定し，見通し
として「観点を決めて論説文を比較する」を据えたら，まず，「観点別内容
整理」「比較」「自分の考え」の３つのステップを電子黒板で提示し，生徒の
タブレットにも同じ形式のシートを送ります。

　そして，「観点別内容整理」の具体を，全体で１つ考えてつくってみます。
その後個人で考えた後，グループで「観点別内容整理」の内容を共有します。

　そうしたら，「比較」「自分の考え」についても，１つずつ全体でつくって
みます。このときに，「比較」については，整理した観点を意識すること，
相違点を見いだしていく方向と，共通点を見いだしていく方向があることを
指導します。

　また，「自分の考え」については，比較の結果，２つの論説文のうちどち
らかを支持する，２つの論説文の共通点に同意する，２つの論説文から新た
に学んだことを基に考えたことを書く，といったパターンを示します。もち
ろん，これらのパターンに合致していなかったり，合わさったりしていても
構いません。モデルを示すことにより，考え方の基本を理解させることがね
らいですので，むしろ，モデルをヒントとしながら，創造的な思考を発揮し
ていくことが望ましいのです。

　「比較」「自分の考え」については，個人追究の後，ペアでの検討を経て教
師に送り，考えのパターンの違いに合わせて，シートをスクリーンで示しな
がら発表させます。

表をアップデートしながら，小説の展開をつかむ

1 表に整理しながら小説の展開をつかむ

　小説を読み取っていくための一番の基本は，いつ（時），どこで（場所），だれが（人物），何をしているのか（出来事）を把握することです。このことがまずできていないと，正しい読みをすることはできません。

　「少年の日の思い出」は，「私」の一人称視点での現在の場面から始まり，「客」が回想する場面に移ります。回想場面では，「客」が自らを「僕」と語り，一人称視点で物語が展開していきます。

　物語の主となる「僕」の回想場面は，彼が８，９歳から12歳までの約２年間を描いています。この２年間の出来事は，主に10歳のときのエピソードと12歳のときのエピソードの２つから成り立っています。

　まず大まかに「時」を基準にして場面を分けて，「場所」「人物」「出来事」を表形式で概観していくことで物語の大きな柱を捉えさせ，「時」や「場所」の変化に応じて詳細を書き足していきます。

本時の板書構成

時	場所	人物	出来事
夕方	書斎	私	客は　私の書斎で私のそばにすすめた。
		客	客は私のチョウの収集を見る
			自分の思い出を語り始める（客）
八九才		僕	チョウ集めを始める
十才		僕	チョウ集めにのめりこむ
			自分の収集をボール箱に見せる
			チョウ　コムラサキをエーミールに見せる
			欠陥を指摘された
十二才		僕	エーミールがクジャクヤママユを
	食後		ヤママユを盗む
	エーミールの家の四階		そっと見に行く
	彼の部屋		クジャクヤママユを盗む
	階段	お使い，上着の中ポケットに	さなぎからかえしたうれしさ
			さんのこしてしまう
夕方		母	あやまるよう言われる
			あやまるよう軽蔑される
遅い時刻	食堂	エーミール	自分のチョウを押し潰す

〈学習課題〉「少年の日の思い出」の話の流れをつかもう

〈見通し〉三つの設定に目を付け出来事を書き出そう

2　各自がアップデートできるように

　授業の前半は，一斉指導の形で，各場面の起点となることについて表にまとめます。各場面の起点となるところは，冒頭の場面では，「客」が書斎で「私」のそばに腰かけていたことです。展開場面以降では，「僕」がチョウ集めを始めてから10歳の夏のところでは，朝から夜遅くまでチョウを採りに行っていたこと，それから2年後のところでは，僕は相変わらずチョウ集めへの熱情が絶頂にあったことが，場面の起点となっています。

　この後，生徒には，この物語の柱となるストーリーをまず各自でまとめるよう指示します。そのために，「時」の移り変わりや，「場所」の移り変わりに着目することを確認します。

　生徒は，「時」が変わっている箇所や「場所」が変わっている箇所に着目しながら表に書き込んでいきます。その際，**「出来事」にあたる部分を詳しく書き込もうとすると時間がかかり，表に収まらなくなってしまうので，端的に書かせます。**

　個人追究を終えたらグループ追究の時間を取り，各自が書いたものを発表し合います。こうすることで，個人では見落としていたところを発見することができます。特に，「僕」がエーミールの部屋に行ってから最後に自分のチョウを潰すまでのところは，「時間」と「場所」が細かく変化していくので，時間を取って丁寧にまとめましょう。

登場人物のキャラの違いを，比較マップで分析する

1　人物を比較し，相対化することで読みを深める

　「少年の日の思い出」では「僕」の幼さが一貫して描かれています。幼さによって失敗する経験を読んだ読者は，自分にも同様の感覚があったという共感をもちます。幼さを感じ取っていくためには，幼さを感じる行動や様子，考え方を読み取ることが必要になりますが，本教材では，生徒がすぐにそれを感じ取るのは難しいでしょう。

　その理由は，本教材が一人称視点で語られているからです。「僕」の目から物語が描かれているため，読者は基本的に「僕」に同化しながら読み進めていきます。すると，自然と「僕」の考え方に共感しながら読むことになります。幼さに気づかせていくためには，「僕」に共感した読みを相対化する必要があります。その１つの方法が，**悪者として描かれているエーミールと「僕」を比較し，２人を相対化すること**です。

本時の板書構成

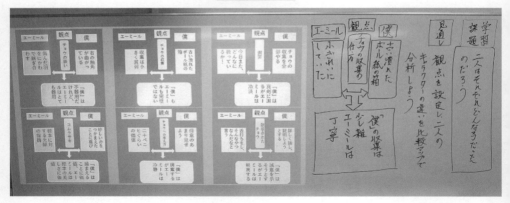

2 比較マップのつくり方を押さえる

本時冒頭，学習課題「2人はそれぞれどんな子だったのだろう」を設定し，
見通しとして，「観点を設定し，2人のキャラクターの違いを比較マップで
分析しよう」を示します。

そして，比較マップを1つ全員で作成し，どのようにつくっていけばよい
のかを理解させます。

教師 この作品に登場する人物にエーミールがいます。エーミールは嫌なヤ
ツだと思う人，手をあげてください。では，そうではないと思う人，
手をあげてください。

エーミールは嫌なヤツだと思う人が多いですね。でも，本当にエーミ
ールは嫌なヤツなのでしょうか？ それを追究するために，今日は，
「2人はそれぞれどんな子だったのか」を分析していきましょう（学
習課題を板書）。

教師 どうやって分析していくかですが，今回はそれぞれで観点を設定し，
「比較マップ」をつくって2人のキャラクターの分析をしてみましょ
う（見通しを板書する）。

教師 まずみんなで1つ比較マップをつくってみて，つくり方に慣れましょ
う。物語のはじめの方で，2人の違いが書かれているところはありま
すか？

生徒 チョウの収集の仕方が違います。

教師 そうですね。では，「チョウの収集」を観点にしてマップをつくって

みましょう。

教師 「僕」はチョウの収集をどのよう
にしていましたか？

生徒 古い潰れたボール紙の箱にしまっ
ていました。

生徒 瓶の栓から切り抜いた丸いコルク
を底に貼りつけていました。

教師 では，エーミールはチョウの収集
をどのようにしていましたか？

生徒 小ぎれいにしていました。

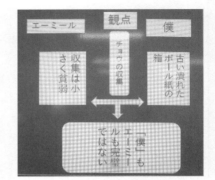

教師 では，２人の「チョウの収集」を比較してみましょう。

生徒 「僕」の収集は少し雑になっている感じがするけれど，それに比べて
エーミールの収集は丁寧な感じがします。

教師 そうですね。このようにして，観点を決めて，「僕」とエーミールの
行動や，様子，考え方，言葉を取り出して，比べてみましょう。

　この後は個人追究の時間として，比較マップをつくらせていきます。
　主に，チョウの収集の仕方が描かれている場面，「僕」がエーミールにコ
ムラサキの標本を見せる場面，チョウを盗んだ「僕」がエーミールに謝罪を
する場面の３か所が，比較マップをつくるための叙述を取り出す場所になり
ます。
　生徒によっては，着目する箇所に迷う場合もあります。その際は，隣同士
でどのような箇所に着目しているか情報交換させたり，活動が進んでいる生
徒に自分の着目している箇所を発表させたりして，全員の個人追究が成り立
つよう支援します。

3　グループで共有する

　各自の比較マップができてきたら，グループになって共有させます。教師

は，活動に入る前に，グループで各自の分析を発表し検討し合った後，他の
グループに紹介したい比較マップを１つ選ぶ，あるいはつくるよう指示して
おきます。

生徒 Aさんの比較マップを発表するのがよいと思います。わけは，Aさん
の比較の観点に「器用さ」というのがあって，私には思いつかなかっ
たからです。他のグループの人もはじめて気づく人が多いと思うので，
みんなに聞いてもらいたいです。

生徒 僕もAさんのマップがよいと思います。不器用だった「僕」が，器用
なエーミールを勝手にひがんでいたこともわかるので，エーミールが
嫌なヤツではないという説につながると思うからです。

4 グループの代表意見を聞き，自分の考えをもつ

　グループでまとめた比較マップはタブレットで教師に送ります。教師は電
子黒板にそれらのマップを映し，グループの代表の生徒が説明します。この
とき，「僕」とエーミールを比較する代表的な３か所のうちで欠けているも
のがあれば，そこについて分析している生徒を指名し，発表させます。

　発表の後，取り出した箇所は同じでも観点や分析が異なっている意見を出
させ，一層，見方・考え方の広がりをもたせます。

　最後に，個人に戻り，「僕」とエーミールはそれぞれどんな子だったのか
自分の考えと理由を書かせ，発表させます。

生徒 私は，「僕」は自分勝手なところがある子で，エーミールは落ち着い
ているけれどやっぱり冷たい子だと思いました。理由は，「僕」は自
分が悪いことをしたのにエーミールの気持ちをわかろうとしないし，
エーミールはすごく怒らないところはいいけれど，「僕」を見下して
いるからです。

一語の有無を比較することで，
解釈を広げる

1　一語に敏感になる

　物語・小説教材を読むときには，大きく２つの楽しみ方があります。１つは，登場人物や語り手に同化して，物語のストーリー展開を楽しむものです。もう１つは，描写を楽しむものです。描写に立ち止まり，そのときの状況を思い描くことで，作品世界が心の中で豊かに広がります。

　生徒は，小学校時代はどちらかと言えばストーリー展開を楽しむ読みをしてきていますが，本教材のように豊かな描写に満ちている作品は，描写に立ち止まる読者を育てるのに最適です。

　特に最後の一文は，短文でありながら，細かな描写がなされているため，一つひとつの言葉に立ち止まり，言葉に込められた意味を考えていくのに適しています。そこで，その言葉があるときとないときとの意味の違いから考えさせ，解釈を進めることで，一語から読む楽しさを体感させ，一語を読む力をつけていきます。

本時の板書構成

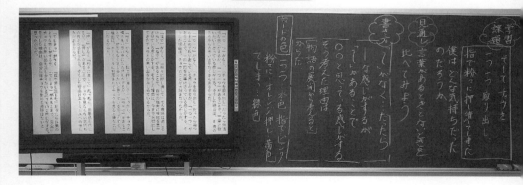

2 様々な言葉への着目と解釈を共有する

本時の板書で工夫することは３つあります。

１つめの工夫は，**どんな考え方で解釈するのかフォーマットを示し，解釈した結果を共有すること**です。考え方を示すために，本時の導入で「『□□』がなく，『○○』だったら…な感じがするが，『□□』があることで…と思っている感じがする。『僕』がそうした理由は，…からだ」といったフォーマットを板書します。そして全員で１つ解釈をつくります。それをタブレットにまとめ，教師の端末に送らせて全員で共有します。こうすれば，生徒に考えを板書させる時間を大幅に短縮できます。

２つめの工夫は，**フォーマットに「『僕』がそうした理由は，…からだ」の要素を入れること**です。言葉があるのとないのを比べる読みは生徒にとって考えやすい活動ですが，物語の一部分だけで考えたり，言葉の辞書的な意味だけで考えたりしがちです。そこで，「『僕』がそうした理由は，…からだ」を位置づけることで，生徒の意識を物語全体へと広げます。

３つめの工夫は，**着目した言葉ごとに色を変えて自分の意見のカードをつくらせること**です。こうすると，スクリーンに映ったとき，どんな言葉に着目しているのかがわかりやすくなります。自分が着目しなかった言葉に着目した意見を聞いて，解釈をより広げていきます。

同じ「一つ一つ」に着目しているカードは同じ色

パターン，モデル，場面を提示し，物語を編み直す

1　小説を多面的に読む

　中学校の定番小説教材のうち，「少年の日の思い出」「故郷」は，一人称視点で描かれています。一人称視点で描かれた作品の場合，視点人物である「少年の日の思い出」の「僕」や「故郷」の「私」の心情や考え方はよく理解することができます。

　一方で，視点人物以外の人物の心情は，基本的には視点人物からの推測になっているので，直接的には読者に伝わってきません。視点人物以外の人物の心情は，視点人物の見方を挟んで間接的にしか伝わってこないために，素直に読み進めていくと，読者は視点人物の価値観に絡めとられてしまいがちです。

　これでは，小説の読みの楽しさは半減してしまいます。そこで，視点人物以外の人物の目から視点人物を見ることにより，視点人物を相対化します。そうすることで，作品世界をより確かにつかむことができます。

本時の板書構成

2　2つのパターンを確認し，視点を変えて書き換える

　視点を「僕」からエーミールにして書き換えをするには，2つのパターン
があります。

　1つは，**「僕」とエーミールが対峙している場面を書き換えるパターン**で
す。物語前半の「僕」がコムラサキをエーミールに見せる場面，終盤のクジ
ャクヤママユの標本を盗み傷めてしまった「僕」がエーミールに謝罪する場
面です。

　もう1つは，**エーミールが直接登場していない場面を書き換えるパターン**
です。例えば，物語前半で，「僕」がエーミールの人物像を語る場面や，エ
ーミールの部屋に忍び込んだ「僕」が見たクジャクヤママユの展翅の状態，
チョウの羽を繕おうとした跡を見た場面などからエーミールの物語をつくる
ことが可能です。

　2つめのパターンで書き換えをすることにより，エーミールがどれだけチ
ョウの標本を丁寧につくることを大切にしていたか，そして，それを壊され
たことによりどれだけ大きな悲しみを抱いたかが理解できます。

　授業の冒頭で，2つのパターンそれぞれでの書き換えについてモデル学習
を行います。

　そのうえで，書き換えが可能な場面を提示します。自分が書きやすそうな
場面から書き換えに取り組ませます。

　それぞれが書けたところで，隣同士でペアになって紹介し合います。そし
て，場面ごとにどのような書き換えができたか電子黒板に提示して発表し合
い，エーミールの人物像をまとめます。

５点セットで，登場人物に対する考えを示す

1 共感的，かつ客観的に人物を捉える力をつける

　小学校時代から中学１年に至るまで，生徒がこれまで触れてきた物語・小説は，基本的には主役に同化でき，明るい結末となっているものが多いと言えます。けれども「少年の日の思い出」は，薄暮の書斎から始まり，暗闇の食堂で閉じるという小説の舞台に象徴されるように，悲しい内容の話となっています。「僕」の倫理観は不完全なものであり，その考え方に安心して委ねることはできませんし，均衡のとれていない「僕」の考え方に拠り描かれるエーミール像も，「僕」の言葉そのままに信じきれるものではありません。

　小説は理想も描きますが，人間のありのままを描くものもあります。そこで，この教材を学んできたまとめとして，登場人物を，共感も含めつつ，客観的に見る読み方を身につけさせたいところです。得た読み方を今後の読書に生かすことで読書の楽しみが増え，人間はたくさん失敗する弱い生き物ということを知って，「生きやすさ」も得られるかもしれません。

本時の板書構成

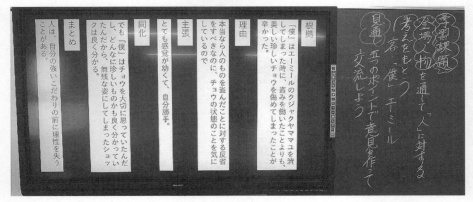

2　5つの要素に沿って書き，たっぷり交流する

　本時の導入では，下記の5つの要素に分けて，「登場人物を通して『人』に対する考えをもつ」という学習課題に対するモデルを示します。この授業では，ただし，生徒に自分の考えを書かせる時間と交流させる時間を十分に確保したいので，モデル学習の時間はできるだけ短くします。そのために，**教師が作成したモデルのスライドを電子黒板に映して指導します**。

　ここで用いる5つの要素は，以下の通りです。

1　根拠	2　理由	3　主張
4　（登場人物への）同化	5　まとめ	

　「根拠―理由―主張」の3点セットで自分の考えを書かせることは基本ですが，本教材の場合，それだけだと，「『僕』は盗みを犯したことよりもチョウを傷つけたことを心配している。自分勝手なことを考えているので，感覚が幼い」といったように冷たいものになります。そこに「（登場人物への）同化」の「でも，それだけチョウを大事に思っていたのだ」を入れることで，**登場人物への共感を意識させます**。

　これらを踏まえることで，登場人物を批判するだけではなく，自分事としての捉えを踏まえた「人間」に対する意見をもたせます。

　個人追究で意見を書いた後は，ペアになって考えたものを読み合い，意見交換させます。

「足取り地図」をかいて，物語の展開を押さえる

1 地図の中での動きからメロスの人物設定を理解する

　メロスの人物像を捉えていくための基本として，本教材の時間的な設定や空間的な設定を把握することが必要になります。

　セリヌンティウスが殺されるまでに３日の猶予をもらい，村へ帰ったメロスは妹の結婚式を挙げ，３日目の薄明，シラクスの町に戻ります。途中，氾濫した川を渡り，山賊を撃退し，町に向かいます。これらの場面からは，メロスの勇敢さが伝わってきます。その後，午後の灼熱の太陽の日差しを浴び，メロスの心はくじけそうになってしまいます。メロスが活躍する時間設定や空間設定を把握することで，メロスは一貫して強く勇気のある人物ではなく，身勝手なところや弱いところのある人物ということを理解することができます。

　本教材の特徴は，空間の移動が大きいことと，それぞれの場所での物語があることです。そこで，メロスの「足取り地図」をつくり，どこで何をしたかを書き，そこに時を加えることで，メロスの人物像に迫ります。

本時の板書構成

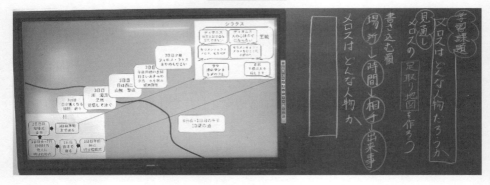

2 個人でつくった地図を膨らませていく

　「走れメロスに」は，メロスがシラクスから村に帰り，再びシラクスに戻ってくるまでのドラマが描き込まれています。

　3日間での出来事を描いていますが，いつ，どこで起きている出来事なのかを正確に把握しながら読まないと，ただただテンポのよいストーリー展開にあおられて読んでしまい，物語の内容やメロスの人物像を適切につかむことができません。

　実際には，本教材には，メロスがいつ，どこで何をしていたのか具体的に書き込まれています。例えば，村に帰ったメロスは，妹と話をするなり眠ってしまうのですが，「目が覚めたのは夜だった」というように時間帯がはっきりと書かれています。3日目についても，太陽の位置で時間帯がわかるようになっています。

　授業では，「足取り地図」のつくり方を全体で確認し，個人で地図をつくった後，グループ内で発表し合い，各自の地図の内容を膨らませたり，読み誤りを正したりしていきます。

　その後，グループごとに自分たちのグループでつくったものを発表し合い，さらに，各自の内容を膨らませていきます。

　このようにして，物語全体にちりばめられたドラマを理解したうえで，メロスの人物像についてまとめさせます。

3 やり方を丁寧に示し，ほぼ空の地図からスタートさせる

教師 今日は「メロスはどのような人物か」について自分の考えをもてるようにしていきましょう（学習課題を板書）。

教師 そのためにまず，「足取り地図」をつくって，メロスがいつ，どこで，何をしていたのかをつかみましょう（見通しを板書）。

教師 地図のつくり方を確かめましょう。まず，場所・時間を書き込みます。次に相手を書き，そこでの出来事を書き込みます。

教師 では，まず個人で地図づくりを始めましょう。最初は，みんなで共通のものを書き込みます。物語でメロスがはじめに訪れたのはどこですか？

生徒 シラクスの町です。

教師 シラクスの町で大きな出来事が起きた場所があります。どこでしょうか？

ほぼ空の状態の「足取り地図」

生徒 王城です。

教師 そうですね。では，白紙のシートの右上に，「シラクスの町」「王城」を書きましょう。

教師 王城から離れてメロスはどこに行きましたか？

生徒 自分の村です。

教師 では，シートの左下に「村」を書きましょう。

教師 それでは，まず個人で，物語の流れに沿ってシラクスの町での出来事から書き込み，地図を完成させましょう。

このようにして，メロスが移動していく際の出発地と目的地をはじめに地図上で決めます。

**このときに場所を決める大きな理由は，後に比較・検討をしやすくするた
め**です。地図の中での出発地と目的地の位置がそろっていないと，書かれて
いる内容の共通点や相違点を理解するまでに時間を要します。出発地と目的
地の位置がそろっていることで，お互いの書き込みの量の違いや書き込む場
所の違いから，読みのずれや共通点が発見でき，確かな読みをもつことがで
きます。

　個人追究に入る前に，例えば，村に帰ったメロスと妹のやりとりを１つ取
り上げて，全体で地図上に書き込んでみる，といったように書き方の共通理
解を図ると，さらにお互いの考えの内容に目が向きやすくなります。

4　グループ，学級全体で共有する

　各自の「足取り地図」ができてきたら，グループになって活動の共有をさ
せます。このときグループでまとめた地図を１つつくります。

　タブレットを使用している場合だと，**お互いがつくった要素をグループ代
表のタブレットに送って集約させることで能率よくつくることができます。**

　タブレットがない場合には，黒板に磁石で貼れるホワイトボードを使い，
そこに意見を集約させます。

　グループ活動に入る前に，グループで各自の分析を発表し，検討し合った
後に，他のグループに聞かせたい地図を１つ選ぶ，あるいはつくるように指
示をします。

　グループでの集約ができたら，学級全体での交流を行います。

5　メロスはどんな人物か判断する

　全体追究が終わったら，ここまで把握したことを基にして，メロスはどん
な人物だと言えるのか，自分の考えをまとめます。

「比較チャート」で，
登場人物の変容を捉える

1　冒頭と終末の比較で登場人物の変容をつかむ

　2年生にとって，小説を読み取るうえで，「登場人物の設定」をつかむ力は，身につけるべき大切な力です。

　登場人物には，例えば「少年の日の思い出」の「僕」から見た「エーミール」のように，終始，人格に変容がない存在として描かれているものもあれば，冒頭から終末に至る間に多く変容していくものもあります。このような登場人物の変容やその有無を捉えることにより，教材のテーマを感じ取ることができます。この場合の登場人物とは，いわゆる「主役」だけではありません。主役に大きな影響を与える「対役」であったり，教材文中では登場する回数の少ない「脇役」であったりしても，大切な登場人物です。なぜなら，作家はすべての登場人物を動かして，自身の表現したい世界を構築しているからです。

　ここでは，「走れメロス」の「ディオニス」を取り上げて，冒頭と終末での変化を探ります。

本時の板書構成

2　変容をチャートで示す

　本時は「比較チャート」を使い，観点を決めて，ディオニスの冒頭と終末を取り出し，比較します（右は「顔色」を観点とした例）。

　生徒に「ディオニスの冒頭から終末への変容を考えてまとめなさい」という指示を出して各々に書かせると，それぞれが自分なりの表現をしていきます。複数の根拠をあげて厚みのある意見をつくることができる生徒もいますが，自分の考えがもてない生徒もいます。

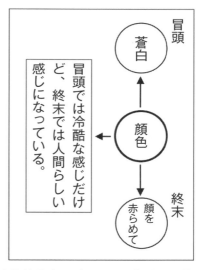

　一方，シンプルな「比較チャート」をつくらせると，クラスのすべての生徒を参加させることができます。国語が得意な生徒は意見を複数つくることで，思考に慣れるとともに，読みを充実させることができます。国語が苦手な生徒も，シンプルな活動なので「やってみよう」という気持ちをもち，成功体験を積めます。各自が考えたものを交流するときにも，共通したチャートを使うことで，互いの意見をスムーズに理解し合うことができます。

　なお，教師が生徒の意見を一つひとつ聞いて板書すると授業がもたついてしまうため，**各自で意見がもてたら，グループで交流させ，まとまったグループからどんどん生徒に板書させます**。

マトリックスで，
登場人物を分析する

1 脱「理想」の読み方を身につける

　生徒たちは，小学校時代には，文学作品から「理想」を読み，教訓を得るという読み方を多く行ってきています。

　そうなるのは，教科書に掲載されているいわゆる定番教材が描く世界や登場人物から，理想を読み取るように仕立てられていることも大きな要因ですし，教師が理想を読み取るように子どもたちを誘っていることもその要因です。例えば，小学校低学年の子どもは「スイミー」から「勇気」などを学び，６年生で学ぶ「海のいのち」からは，「自然への畏敬」などを学びます。

　けれども，そういった読み方は物語・小説を読む方法の１つにすぎません。成長するにつれて，自分の身の回りにはスイミーのような孤高のスーパーヒーローはいないこと，自分もスイミーにはなれないことを，身をもって知ります。むしろ，失敗することの方が多くなり，失敗から受けるダメージの大きさに打ちのめされることの方が多くなります。

本時の板書構成

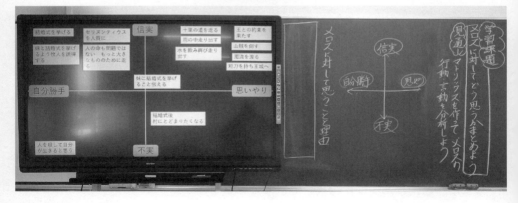

各自でマトリックスをつくり，グループでの話し合いを通して膨らませたものを電子黒板で提示し，自分と解釈がずれている箇所がないか注目させる。

そこで，生徒の成長に合わせて，小説から人間が本来もっている美しさなどとともに，例えば，醜さといった負の面を感じ取ることができるようにすることが必要です。そういう読み方ができるようになることで，「自分が感じている他者を妬む気持ちは，だれもが感じるものである」ということを意識して気が楽になったり，「立派に見える主役の姿も見方を変えると我儘なものである」ということを読み取り，人に対する見方に幅をもったりすることができます。

そういった意味で，1年生で学習する「少年の日の思い出」は，主役の「僕」の考え方の幼さに注目することで，脱「理想」の読み方に取り組みやすい作品です。

2年生の定番教材である「走れメロス」は，一読すると，スーパーヒーローであるメロスの物語のような印象があります。けれども，この作品を書いたのは太宰治です。単純に友情と勇気の物語を書いたとは思えませんし，メロスの大活躍が展開されるストーリーは，脱「理想」の読み方を試していくには，むしろ好適な作品と言えます。

脱「理想」の多面的な読みをするために，本時では，**マトリックスに「思いやり―自分勝手」「信実―不実」といった観点をつくり，メロスの行動を整理していきます**。そのうえで，メロスに対する評価をまとめさせていきます。

2 メロスの行動をマトリックスに位置づける方法を知る

教師 セリヌンティウスを助けたメロスをどう思いますか？

生徒　約束を守ってかっこいいと思います。

生徒　でも，もともとセリヌンティウスはメロスが人質にするようにしたんだから，メロスは自分勝手だと思います。

教師　メロスについてはいろんな見方ができますね。そこで今日は，メロスの行動を取り上げて，そのうえでメロスに対してどう思うかをまとめましょう（学習課題を板書）。

そのために，マトリックスにメロスの行動・言動を書き込み，分析していきます（見通しを板書）。やり方を説明します。縦軸，横軸を真ん中で交差させ，上下，右左でプラス面，マイナス面の観点をつくって内容を書き込みます。今回は上下で「信実—不実」，右左で「思いやり—自分勝手」の観点でやってみます。

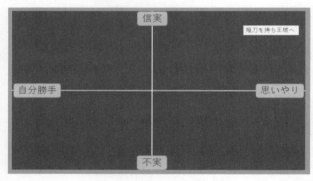

教師　１つみんなでやってみましょう。短刀を持ち王城へ行ったところはどうでしょう。

生徒　「信実」だと思います。

教師　なぜですか？

生徒　老爺の話を聞いて怒り，人々を救おうという真面目な気持ちで行動していたからです。

生徒　人々を救おうという「思いやり」もあったと思います。

教師　では，「短刀を持ち王城へ」は，いったん「信実」「思いやり」の高いレベルのところに書きます。

教師　今度は，個人でマトリックスをつくりましょう。できたらグループ内で発表し合い，つけ加えたり，直したりします。ずれているところについては，お互いの意見を聞き合い，参考にしましょう。その後，全体で発表し合います。そして，メロスはどんな人かをまとめます。

3　お互いの考えを聞き，考えを広げる

　個人でマトリックスをつくった後，自分の考えを広げるための機会が2回あります。1回はグループ，もう1回は全体追究の場面です。

教師　グループで検討して考えが広がった人も多いと思います。今からクラス全体で検討します。友だちの考えを自分と比べながら聞きましょう。では，1班のAさん，どうなりましたか？

生徒　私のマトリックスは，このようになりました。まず，メロスが「セリヌンティウスを人質に」したことは，私の信実の証明になるので，信実のレベルを高くしました。それに，なぜ人質にしたかというと，妹の結婚式をするためなので，妹への思いやりがある行動だから，思いやりのレベルも高くしました。次に…

教師　Aさんの発表に対して，違うところのある人はいませんか？

生徒　「セリヌンティウスを人質に」したところが違います。メロスはセリヌンティウスには許可を得ずに人質にしているので，ここでのメロスはとても自分勝手だと思います。

　このようにして，メロスの行動に対する様々な考え方に出合わせます。

4　メロスに対してどう思うかをまとめる

　生徒同士でメロスの行動に対する様々な考えを出させた後，メロスに対する評価を各自でまとめ，ペアで説明し合わせます。こうして，信実な人という面ばかりではなく，身勝手であるといった評価もなされていきます。

２つの教材を比較提示し，表現の特徴を探る

1 他の教材と比べることで個性を際立たせる

　学習指導要領の２年生の「読むこと」の指導事項エに，「文章の構成や論理の展開，表現の効果について考えること」とありますが，表現の効果については，該当の文章単独で考えるよりも，他の文章と比較する方が考えやすく，見つけやすくなります。「走れメロス」に関しては，東京書籍の教科書だと，一人称で中学生の日常を扱い，繊細な心を描いた「辞書に描かれたもの」が比較する教材として好適です。光村図書の教科書だと，父親の帰郷と別れをノスタルジックに描いた「盆土産」が好適です。

　「走れメロス」の読後感を端的に述べるよう生徒に問うと，「スピード感がある」「どんどん話が進んでいく」といったことが出されます。けれどもその理由を問うと答えられない生徒が少なくありません。そこで，２つの教材を比べてみるよう促します。

本時の板書構成

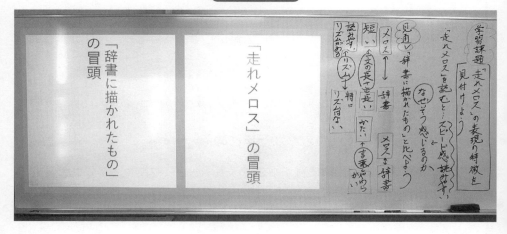

2　共通の場面を比較する

　ここでは，東京書籍版の教科書の例で説明します。

　比較する教材として「辞書に描かれたもの」をあげ，どのように違うかだけ尋ねると，生徒は思い思いの場所を指摘しますが，それぞれの生徒が，発言者の指摘している箇所を確実に見ているかはわからないので，学習が拡散的になります。また，比較するためにはそれぞれの教材文をもう一度しっかり読む必要があるため，生徒にとっては負担の大きい活動になります。

　そこで，学習の焦点化と負担感の軽減のために，２つの教材文を電子黒板で並べて提示します。**並べて提示するのは冒頭の箇所**です。それぞれの文章を読ませた後，どんな違いがあるか尋ね，その要因を答えさせます。

　生徒からは「時代が違う」「場所が違う」などの気づきが出されます。そこでそもそもの疑問である「なぜ『走れメロス』はテンポよく感じられるのか」を尋ねます。生徒からは，「走れメロス」は１つの文が短いけれど「辞書に描かれたもの」は短い文もあるけれど長い文もある，といった意見が上がります。そこで，何を観点にしたかを尋ねると，「文の長さ」という答えが返ってきます。

　観点を決めて２つの教材を比較することを確かめて個人で追究させ，考えたことを全体で共有します。**そこまで来て興味が高まった段階で，冒頭以外からも比較させ，お互いの考えを共有していきます。**

心情曲線で，登場人物の
心情変化とその原因をまとめる

1　心情の変化を追うことで，物語の展開を捉える

「故郷」は大変長い教材です。

そのため，展開全体を把握することに大きな労力がかかります。また，国語が苦手な生徒にとっては，最後まで読み通すことに対してさえ，負担感が大変大きい教材です。

そこで，小説の展開をつかみ，また，できるだけ負担感を少なくするために，小説全体を見渡して心情曲線をつくる学習を単元の導入段階で行います。

小説全体を見渡した心情曲線をつくることを通して，生徒は小説の中の出来事に目が向きます。また，国語が苦手な生徒にとっては，文章で書いてあることを文章にするのではなく，図式化することにより，楽しく学習に取り組むこともできます。

本時の板書構成

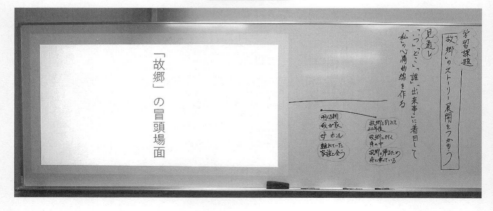

> **板書のポイント**
> 　電子黒板に映した「故郷」の冒頭場面を見せ，心情曲線のはじめの部分を板書しながらつくり，しっかりと理解させる。また，作成途中にもつくり方を確認できるようにする。

2　表と比べた心情曲線のよさ

　本時で心情曲線をつくることの一番のねらいは，小説の展開を確実に読み取ることです。

　展開を確実に読み取るためであれば，表をつくって，「時」「場所」「人物」の３つの設定に着目し，場面の区切りをつけて，各場面の簡単な出来事をまとめればでき上がりです。しかし，ここで表ではなくあえて心情曲線をつくることには，２つの理由があります。

　１つは，**学習への興味関心をもたせやすいから**です。表をつくることよりも，動きのある図式化をすることの方が，生徒にとっては楽しい学習になります。

　もう１つは，小説の展開を読み取るだけでなく，**文字通り中心人物の「心情」の変化を追いかけることができるから**です。もとより，物語・小説の読み方の基本は，中心人物を核にした登場人物の心情変化を把握し，人物の言動や行動と対話することです。心情曲線の波をつくる際には，必然的に中心人物の心情に着目して読ませることができます。

3　導入で心情曲線のつくり方を押さえる

　本時は，授業の導入段階で，心情曲線のつくり方を確実に押さえます。

　このとき，生徒は教材をまだ読んでいなくても構いません。心情曲線をつくっていくことで，教材全体を捉えさせていきます。

教師　今日から勉強するのは「故郷」です。教科書の154ページから168ページまでありますよ。

生徒　長ーい！

教師　そうです。長い文章なので，作品全体を読み取るのが大変だと思います。

　　　そこで今日はまず，「故郷」のストーリー展開をつかみましょう（学習課題を板書）。

　　　そのために，「いつ」「どこ」「だれ」「出来事」に着目して「心情曲線」をつくってみます（見通しを板書）。

　　　やり方を確かめましょう。スクリーンに映した教科書の154，155ページ，つまり小説の始まりのところをみんなで一緒につくってみましょう。横書きにしたノートの真ん中に横線を１本引きます。この小説の中心人物は「私」といいますが，真ん中の線のところが「私」の気持ちの普通のところです。

　　　（スクリーンに映した154，155ページを一読させた後）では，小説の一番はじめの部分での「私」の気持ちは真ん中よりも上ですか？　それとも下ですか？

生徒　下です。

教師　それはなぜですか？

生徒　「覚えず寂寥の感が胸に込み上げた」とあるので，寂しい気持ちになっているから，普通より下だと思います。

教師　そうですね。では，あまり下にしてしまうと，後でもっと切ないことがあるとかけなくなるので，真ん中より少し下に印をつけましょう。

教師　これは「いつ」「どこ」ですか？

生徒　「いつ」は「故郷と別れて20年後」です。

生徒　「どこ」は「故郷に行く船の中」です。

教師　「出来事」は何ですか？

生徒　「私」が故郷に帰るために船に乗っている，です。

教師 では，印をつけたところの下に「故郷と別れて20年後」「故郷に行く船の中」「故郷に帰るために船に乗っている」を書きましょう。

　このようにして，「私」の心情に応じた場所に最初の印をつけさせ，「時」「場所」「出来事」を書き込みます。
　次に印をつけるのは，「時」，あるいは「場所」が変化したところにします。
　教科書154，155ページでは，「私」が「明くる朝」に「我が家」に到着したところが次の印を打つ箇所になります。

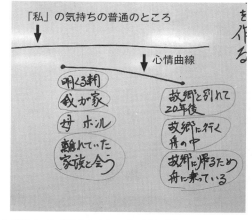

教師 気持ちは，どのへんにしますか？
生徒 故郷に帰ってくるのが楽しいものではなかったので，船の中と変わらないと思います。
生徒 家族と会っているので，少し気持ちは上がっていると思います。
教師 ずれたところは後で説明し合いましょう。今は，自分が「私」の気持ちはこうだと思ったところに印をしましょう。

　心情の直接描写がないところは，この時点では生徒の解釈に委ね，「時」「場所」「出来事」を書き込ませます。またここで，冒頭にはなかった「だれ」の要素として「母」「ホンル」が登場するので，それぞれの名前も書き込ませます。
　このようにして，活動のやり方を理解させた後は各自で心情曲線をつくらせ，授業の終盤で隣同士で交流，推敲をさせます。

観点を決めて人物のビフォーアフターを示し，原因を探る

1　登場人物の変化を通して伝わってくるものを捉える

　学習指導要領の３年「読むこと」には，「イ　文章を批判的に読みながら，文章に表れているものの見方や考え方について考えること」という指導事項があります。ここでは，そのうち特に「文章に表れているものの見方や考え方」を捉えるための授業を紹介します。

　「故郷」には，20年間離れていた故郷に戻った「私」と，かつて出会った人物たちとの再会の場面が描かれています。特に，ルントーについては，過去の姿と現在の姿が詳しく描かれ，また，ヤンおばさんについても同様に過去の姿と現在の姿が描かれています。２人とも30年前と現在の姿が対比的に描かれているのです。

　本時は，変化したことを捉えるだけではなく，なぜそのように変化したかまでを考えさせることで，文章に表れているものの見方や考え方に迫ります。

本時の板書構成

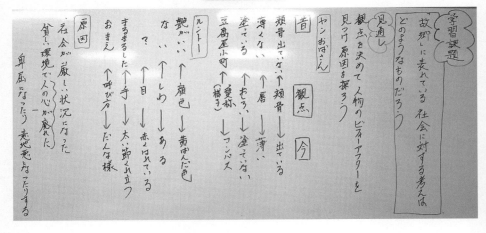

> **板書のポイント**
> 観点ごとに，対応する叙述を上下（ビフォーとアフター）に示すこと
> で，どのような変化が起きたのかを捉えやすくする。

2 観点に沿った叙述を列挙させる

本時は，学習課題「『故郷』に表れている社会に対する考えはどのような
ものだろう」を設定し，解決のための見通しとして「観点を決めて人物のビ
フォーアフターを見つけ，原因を探ろう」をもたせて展開していきます。

まず，ルントーとヤンおばさんのそれぞれの30年前の様子と現在の様子の
違いを見つけて発表させた後，なぜ彼らにこのような変化が生じたのかにつ
いて考えていきます。

従って，授業後半のルントーやヤンおばさんの変化の原因を各自で考える
時間を十分に取るためには，前半の30年前との違いを見つけて共有する活動
を効率的に進めていく必要があります。

本教材は，ルントーにしても，ヤンおばさんにしても，30年前の様子と現
在の様子を対応させて書いてある箇所が多数あるため，違いを見つけること
自体はさほど難しくなく，いくつも見つけることができます。

そこで，個人追究の前に，観点を設定して登場人物の様子を取り出す方法
についての共通理解を図ります。

そのうえで，各自でまずヤンおばさんについての30年前と現在の違いを見
つけさせていきます。3つ程度書けたら教師のところに持って来て確認させ
るようにして，早く確認が済んだ生徒に板書させます。このとき，生徒は並
んで板書していくので，**観点と叙述が黒板上で縦に並ぶように書かせると，
スムーズに進めることができ，どのような変化が起きたのかもわかりやすく
なります。**

叙述をたくさん取り出し，分類，ラベルづけする

1 帰納的な思考を働かせて「私」の世界観を捉える

　「故郷」の中心人物「私」は，現在のヤンおばさんやルントーに対しては批判的な見方をしています。そして，様々な立場の人が共生でき，豊かな社会となることを願っています。この考え方に対して，支持的に受け止める読者もいるでしょうし，批判はするけれども自らが行動するというより他者に期待するという姿勢に馴染めないという読者もいるでしょう。さらには，作品の成立年代から考えると，脱封建社会の思想を描いたことを肯定的に受け止める読者もいるでしょう。

　そのような評価をするためには，まず「私」の理想とする世界を理解する必要があります。本時は，「私」が故郷や他者をどのように見ているかがわかる叙述を取り出し，分類し，ラベルづけをすることにより，「私」の世界観に迫ります。

本時の板書構成

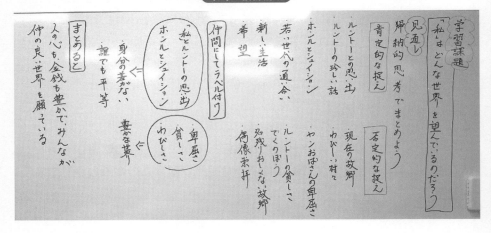

> **板書のポイント**
>
> 授業前半では「私」の見方に沿って取り出した叙述をできるだけたくさん示し，後半の分類とラベルづけをしやすくする。

2　2段階の活動で焦点的に学習を進める

　本時は，学習課題「『私』はどんな世界を望んでいるのだろう」を設定し，解決のための見通しとして，「帰納的思考でまとめよう」を示します。

　次に，すぐに「私」の世界観が表れている叙述を取り出すよう指示しても，生徒は悩んでしまうので，「私」が肯定的に捉えていることと，否定的に捉えていることを取り出させます。すると，肯定的な捉えがされている箇所としては「ホンルとシュイションが仲良くしているところ」など，否定的な捉えがされている箇所としては「私とルントーとの距離がまったく遠くなってしまったこと」など，それぞれ多くのことが取り出されます。

　黒板には，観点に沿ってできるだけ多くの叙述を列挙するようにします。そうすることで，その後の分類の活動の際，仲間づくりがしやすくなり，また，**どのように仲間分けをするかという思考を活発に働かせることにもつながります**。

　分類する際には，同様の考え方でまとめられそうなものを1つにまとめて，ラベルづけ，つまり，その仲間の名づけをさせます。肯定的な捉えからのまとまりでは「身分の差がない」「だれでも平等」など，否定的な捉えからのまとまりでは「豊かな世界」「偶像崇拝を超える」といったことが出されます。

　このようなことを受けて，「私」はどのような世界を望んでいるのかを端的にまとめていきます。

反論―再反論をして，登場人物の考え方を批評する

1 「私」の世界観を相対化する

　「私」の世界観を読み取ることは，文学作品を自分の中に受け入れていくために必要なことです。けれども，それだけではおそらく作品そのものが描いていることを消化していくためには十分ではないでしょう。中心人物「私」は，身分の差がなく，人々が仲良く暮らせる世の中や，貧しさを解消し，豊かな世の中を理想としています。しかし，「せめて彼らだけは，私と違って，互いに隔絶することのないように…」といった叙述などから，その実現に対して，自らが積極的に働きかけようという強い意志は読み取れません。

　作品を理解するためには，こういった「私」の姿勢までを含めて，「私」の世界観を受け止めることが必要であり，そのうえで，「私」に対する考えをもつことで，読み手の生き方にとって作品が積極的な意味をもつことになります。

本時の板書構成

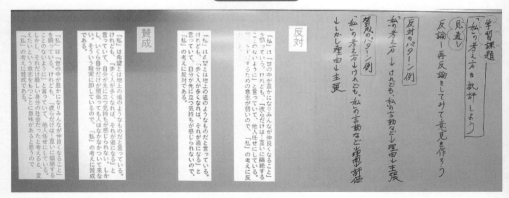

> **板書のポイント**
> グループでまとめた考えを電子黒板で映すことで板書する手間をなくし，お互いの考えをしっかり読めるようにする。

2 反論―再反論をして意見を練り上げる

「私」はどのような世の中をつくりたいと思っているのか，そして，それに対して自分はどう考えるのかという形で意見をつくらせるだけでは，随分と簡単な学習になってしまいます。例えば「『私』は人々が対等に仲良く話ができる社会がよいと思っている。そうすることで，心が通い合うので，『私』の考え方に賛成」といった意見をつくることは容易ですが，それ以上の深まりはありません。

そこで本時は，自分の意見を一度つくってみた後に，反論させたり，あるいはさらに再反論させたりして，考えをつくらせていきます。このようにすることで，活動の難度を上げて手ごたえのあるものにするということはもちろんですが，多面的に考えさせることで，深まりのある読みを実現することにつながります。

「『私』の考え方を批評しよう」という学習課題を設定し，「反論―再反論をしてみて意見をつくろう」という見通しをもたせます。「根拠（『私』の考え方）―意見―理由」という基本形を押さえた後，**「私」の考え方に反対の場合はそれに反論する，賛成の場合は反論した後に再反論をするという形を示し，個人追究させます。**

その後，立場ごとに小グループをつくり，グループで意見を練り上げ，タブレットでまとめて教師に提出します。教師は，提出された意見を立場ごとに分けてスクリーンに映します。それを見ながらそれぞれのグループの発表や意見交換を行います。意見交換を踏まえて，改めて自分の考えをまとめます。

詩の形式を使って，
期待感を表現する

1　期待感のあるスタートに

　「見えないだけ」（牟礼慶子）は光村図書教科書の扉に書かれている詩で，2年生になって最初に出合う教材です。

　1年生から2年生に進級し，クラス替えがあり，新しい仲間と隣同士の席になっている生徒も多いでしょう。

　教科担任の教師が変わり，新しい教師とのはじめての出会いを迎えた生徒も多いでしょう。

　まだよく知らない仲間の中で緊張感や不安感でいっぱいの生徒もいるでしょうし，進級した喜びや新しい仲間と出会えた喜びで，今後の学校生活に期待感いっぱいの生徒もいるでしょう。

　この詩を使って，期待感と不安感がない交ぜになった生徒たちの心を期待感でいっぱいにしていきます。

本時の板書構成

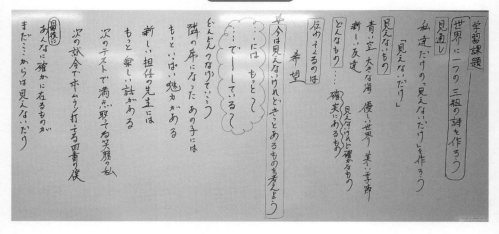

2　3ステップで表現する

　授業はまず，中学2年段階の生徒が抱えがちな不安な思いについて教師が語ります。また，みんなで詩の言葉を考え，つなげることで，一人ひとりこれからの学校生活に対して期待感をもち，また友を信じる気持ちをもち，お互いを支え合い，明るい気持ちで学校生活を送っていってほしいという教師の思いを伝えます。

　そして，そのようになっていくために，このクラスだけの詩をつくることを投げかけ，クラスオリジナルの詩の基になる詩として「見えないだけ」を提示します。

　はじめに「見えないだけ」の解釈を短時間で行います。見えないものとして描かれている「青い空」「大きな海」「優しい世界」「美しい季節」「新しい友だち」はどのようなものかを尋ね，「確かに在るもの」ということを引き出して，詩から伝わってくる「希望」を意識させます。

　そして，自分たちも詩で用いられている「…には　もっと～」「次の…で―している～」の形で言葉を考え，詩に挿入することを促します。

　最初は一斉の形で全員で考えます。その次は，各自で上にあげた2つの形式のどちらかで考えさせます。**考えたものは隣同士で共有した後，順に言わせていき，最後に今後に対してどんな思いになったかを意識させます。**

叙述を取り出し，対比と比喩で読み解く

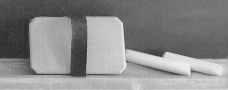

1 卒業前の生徒に贈るメッセージとして

　本教材は，３年生の国語教材の最後に位置づいています。これには大きな意味があります。それは，卒業後に，この教材に込められたメッセージを生かしてほしいという意味です。高等学校に進学する生徒もいれば，就職する生徒もいます。いずれにしても，これまで互いに支え合ってきた仲間と離れ，それぞれが１人で新たな一歩を踏み出すわけです。

　本教材は，束縛されること，味気なく生きていくことなどを否定したうえで，自由に生きていくことを希求しています。生徒が生きるこの先の人生でも，他者と同じようにすることを求められたりすることは多々あるでしょう。本教材の世界観は，そういったときに自分らしく生きることを思い出すきっかけとなるでしょう。

本時の板書構成

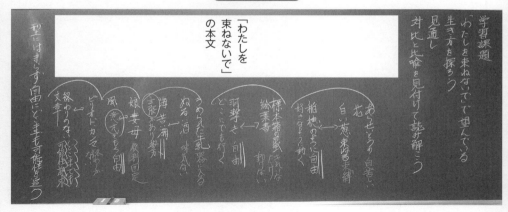

板書のポイント

詩の全文とともに解釈を見えるようにするため，黒板の上半分に詩の全文を提示し，その下に叙述を取り出したものや解釈を書き込んでいく。

2 対比と比喩に着目し，解釈を深める

「私を束ねないで」を解釈していくうえで2つの表現方法に着目させます。1つは，対比です。

この作品の各連では，束ねられた白い葱や見渡す限りの金色の稲穂といった，対照的なものが登場します。このように対比されているものを取り出して，それぞれを具体化することで，両者の違いを実感的に捉えることができます。

もう1つは，比喩です。

各連の前半は，「白い葱のように束ねないでください」というように直喩になっています。一方で各連の後半は「私は稲穂」のように，暗喩になっています。そこで，「稲穂のように○○でいたい」といった形で，直喩にすることで，各連で語り手が望んでいることを解釈することができます。

対比されているものの様子や性質などを具体化するほど，直喩の形に書き換えたときの読みが豊かなものになります。基本的に「○○でいたい」は「自由でいたい」という形の書き換えになることが多いのですが，例えば，「稲穂」の自由さと「羽撃き」の自由さの性質は異なります。**対比されているものの具体化を丁寧に行うことが必要になります。**

そして，板書は基本的には黒板の上に全文を提示し，下方に解釈を書いていきます。詩の言葉に対応させて解釈したことを位置づけることにより，生徒は詩の言葉とその意味の理解がしやすくなるからです。電子黒板だと，黒板を左右に分割することはできますが，上下に分割することは困難です。従って，教師は詩の全文を板書し，生徒にもノートに視写させて，詩の言葉の

意味について考えます。

3 1連で解釈の仕方を知る

　導入では，学習課題「『わたしを束ねないで』で望んでいる生き方を探ろう」を設定し，見通しとして「対比と比喩を見つけて読み解こう」を位置づけます。その後，全文を板書し，視写させます。

　この段階で，各自に，対比と比喩に着目して解釈するよう指示しても，できる生徒は少ないでしょう。

　1連を使い，まず，やり方の指導をしていきます。そして，1連の解釈をしていきます。

教師　1連で，対比の関係になっているのはどれとどれでしょう。

生徒　「あらせいとうの花」「白い葱」の束と「稲穂」です。

教師　あらせいとうの花や白い葱の束は具体的にどのようなものでしょう。

生徒　あらせいとうはきれいな花だけど1つにまとめられてしまっています。

生徒　白い葱は畑にあったころはそれぞれバラバラだったけど，1つにまとめられてしまっています。

教師　稲穂は具体的にどのようなものでしょう。

生徒　風が吹くと揺れます。

生徒　あらせいとうの花や白い葱の束みたいに自分では動けなくて固まっているのとは違って，地面からは離れられないけど，自由です。

教師　では，語り手は稲穂のようにどうなりたいと思っているのでしょう。

生徒　稲穂のように自由でいたいからだと思います。

教師　「自由」といっても，どのような自由ですか？

生徒　あらせいとうの花や白い葱みたいに動けなくて，固まってしまうのではなく，広いところでのびのびするということです。

教師　「自由」といった意味の広い言葉は，この詩の中では具体的に言うとどのように自由なのかを，否定されているものの具体や望んでいるも

のの具体を参考にして考えましょう。

4　2〜5連は個人追究と協働追究の繰り返しで押さえる

　1連で，対比と比喩を使って解釈する方法を理解させたら，2〜5連は，まず個人追究で自分の考えをつくらせた後，協働追究で意見交換をさせていきます。

　協働追究の際，生徒の発言で注意すべきは，「自由」という言葉が出てきたときです。生徒から「〇〇の方が自由」といった発言が出てきたら，**「どのような自由さですか？」と切り返し，各連ならではの「自由」について考えさせていきます。**

5　最後にすべての連を見渡してまとめる

　連ごとの対比表現の取り出しや，比喩に着目することを通して解釈したものを基にして，詩全体から伝わってくることについて考えさせます。

生徒　私は「自由に生きる」というのが伝わってきました。どの連からも感じますが，特に2連の「羽撃き」から感じました。

生徒　私は「自由に生きる」も伝わってきましたが，「自分らしく生きる」ということも伝わってきました。4連の「娘」「妻」「母」を否定しているところから，何か特定のキャラクターで見られることへの窮屈さを感じたからです。

教師　皆さんはもうすぐ卒業です。何かの枠にはめられるのではなく，自由に生きるということや，自分らしく生きるということを意識して，のびのびとこの先の人生を歩んでいけるといいですね。

5W1Hで，短歌を
物語にする

1　短歌の世界を豊かに味わう

　短歌や俳句は，必要最低限の言葉でつくられています。読者はそれを見て，そこで描かれている世界を豊かに想像していきます。

　けれども，それは容易なことではありません。

　生徒の多くは，短歌や俳句を読み，文字通りのことは理解しますが，それ以上のこと，つまり作品に書かれていないことにまで思いを巡らすことはなかなかできません。短歌・俳句に書いてあることをほとんどそのままなぞったような解釈になってしまうことが多いものです。それはなぜかと言えば，思いを巡らすための見方・考え方を知らないからです。

　そこでここでは，5W1Hを見方として使い，それらの観点により描かれている内容を具体化するという考え方を使い，作品世界を豊かに思い描くことを目指します。

本時の板書構成

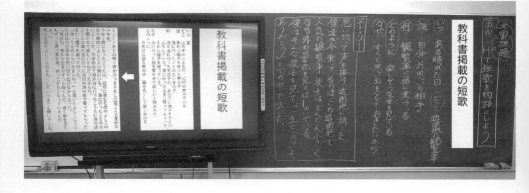

2　5W1Hで作品を豊かに想像するには

やり方は簡単です。

作品に描かれている言葉を，季節，時間帯など「いつのことか」「どこか」「だれが出てきたか」「何をしているのか」「どのようにしているのか・どのようなことを思っているのか」「なぜそのことをしているのか・なぜそう思うのか」といった5W1Hの要素から見つめて，具体化します。

このとき，2つのことに気をつけさせます。

1つは，**書いていないことも対象とすること**です。もちろん，まったくの空想になってしまうことは避けるべきですが，短い言葉を手がかりにして，書いてはいないけれども，自分の心の中に広がってきた映像を捕まえて言葉にさせていくとよいでしょう。そうすることで，見えてくるものが具体化されていきます。

もう1つは，「どのようにしているのか・どのようなことを思っているのか」にもあるように，**見方そのものの幅を広くすること**です。「いつ」にしても，例えば「春」，もっと詳しく「いつ」を考えると，「夕方」といったように，見方そのものの幅を広くしたり，具体化の程度を上げたりしていくことで，見えてくるものが多くなり，短歌が物語にどんどん近づいていきます。

3　はじめの一首をみんなで考える

生徒が短歌から物語をつくる際，おおよその流れが決まっていると抵抗感が減りやる気が上がります。

そのため，導入の一斉学習で，１つの短歌について５Ｗ１Ｈの観点から見て当てはまることを取り出させたり，想像させたりします。そのうえで，簡単な物語をつくらせます。

教師　この短歌は「どこ」のことを語っていますか？

生徒　観覧車です。

教師　だれが出てきますか？

生徒　「語り手」ともう１人，「観覧車に乗っている人」です。

教師　では，作品には直接書いてありませんが，「いつ」のことだと思いますか？

教師　穏やかな春の昼間だと思います。遊園地の観覧車の営業時間から考えました。

生徒　私は春から夏に変わるくらいの少し暑い晴れた日だと思います。
　　　　異性と楽しく遊びに行きたいという気持ちが強くなるのはだいたい夏くらいで，切ない感じもする作品なので，夕方くらいで少しずつ寂しさを感じる時間帯かなと思います。

教師　どのような感じが思い浮かびますか？

生徒　誘われた方の子は地上にあるものがだんだん小さくなっていくところを見てはしゃいでいて，誘った方の子はそれを静かに見ているという感じがします。それは，「君には一日我には一生」というところで，何となく片思いっぽくなっていて，２人の気持ちのレベルがちょっと違うみたいだからです。

　このようにして，作品に描かれているものをどんどん具体的にしていきます。このときに，作品に書いてあることが根拠になっていないと思われる解釈が出されたときには，出した生徒に詳しく説明させます。そういった活動も含めて楽しい雰囲気で進めます。リラックスして考えることで，創造的な発想へとつながります。

教師は５Ｗ１Ｈに基づいて出された考えを板書し，次に物語をつくります。ここでは，つくり方に慣れるために一斉授業の形で発言させていき，教師が物語をまとめていきます。

　やり方のモデルと，見本を示すために，５Ｗ１Ｈに基づいて考えを出す段階，物語をつくる段階，いずれも黒板を使ってやっていきます。

　全員でつくった簡単な物語を確認した後は，好きな作品について各自で５Ｗ１Ｈに基づいて考えを出し，タブレット上で，簡単な物語をつくっていきます。

　５Ｗ１Ｈに基づいて考えたことは，物語を考えるための呼び水のようなものです。５Ｗ１Ｈに基づいて出された考え以外の考えを使って物語を書いていくことも生徒に勧めます。

4　つくったものは共有する

　生徒がつくった物語はお互いに見合い，仲間の学習を参考にして，短歌が描く作品世界を味わっていきます。

　その方法として，２つのことを行います。

　１つは，**隣同士，あるいはグループで共有すること**です。

　もう１つは，**つくった物語を学級全体で共有すること**です。物語をつくったわけなので，ある程度の分量があります。従って，つくったものは読めるようにすることが必要です。このとき生徒に板書させると，それだけで大変な時間がかかります。そこで，物語づくりはタブレットで行わせ，でき上がったら教師のところに送らせます。教師は電子黒板上にできるだけ多くの物語を紹介していきます。

五感で，俳句の世界を
くっきり描く

1　俳句の世界に入り込むための観点をもたせる

　俳句はたった17音ですが，その中には豊かな世界が広がっています。その世界を感じ，共鳴できる感性を生徒に身につけさせたいものです。

　けれども，生徒に俳句を示して，そこで描かれていることを具体化するよう指示すると「春の風が吹いてきて少年が闘志をもって丘に立っている」のように，もともと作品に記述されている言葉とほぼ変わらないものになってしまいがちです。このようになることを避け，もっと作品の中に入り込んでいくようにするためには，作品の世界を具体的に思い浮かべるための観点が必要になります。

　基本的な観点としては五感と５Ｗ１Ｈがあります。「見えるものは？」とか，「いつのこと？」といった観点で俳句の言葉を具体化します。ここでは五感を使って俳句の言葉を具体化するプランを紹介します。

本時の板書構成

板書のポイント

　導入段階の一斉学習で，五感に沿って俳句を解釈し，黒板に残してお
く。解釈の際は，１つの観点でも掘り下げたり，広げたりして，その過
程も板書に残しておく。

2　五感で言葉を解凍する

　授業の導入段階で五感で俳句を解釈していく方法について，生徒に理解さ
せていきます。その際，俳句を示して，「見えるもの」「聞こえるもの」…と
いった観点別に想像させていきます。五感のうち，当該の俳句では使われて
いないと判断されるものは，「味わう…なし」のように板書します。

　それぞれの観点に沿って，ひと通り解釈していくのはさほど難しいことで
はありません。このプランで大切なのは，**観点に沿って，もう一段階突っ込
んで解釈させること**です。例えば，「春風や闘志いだきて丘に立つ」で「見
えるもの」について聞いてみると，生徒からは，「丘」や，「少年」，あるい
は「少女」という考えが出されます。

　ここで，「どんな表情が見えますか？」と尋ねると，生徒からは「闘志い
だきて」を根拠に，「引き締まった表情」「何かに挑もうとしている表情」と
いった考えが出されます。

　さらに，「なぜ引き締まった表情なのか」を考えさせると，「春風や」を根
拠に，「新しい生活が始まり，がんばろうと思っている」などの考えが出さ
れます。導入段階の一斉学習で，１つの観点からの解釈を２段階，３段階行
うことで作品世界が鮮明になり，その後の個人追究の意欲につながります。

　生徒は自分の興味をもった作品を解釈し，グループ内で発表し，分析した
ものを教師にタブレットで送ります。そして，数名の解釈を発表させ，共有
します。

俳句の□に入る言葉を考える

1 □（ブランク）に入る言葉を考える

　俳句や短歌，詩の一部を□（ブランク）にして，そこに入る言葉を考えさせる活動は，小学校の国語の授業でも見られます。

　この活動に対して児童・生徒の多くは楽しみながら前向きに取り組みますが，この活動は空欄に当てはまる言葉を当てっこするクイズのようであり，活動としては楽しいけれども，果たして国語の授業としてふさわしいものかという疑いも生じます。

　しかし，空欄に入る言葉を考えて話し合うという活動は，国語の授業としてもふさわしいものと言えます。ただ，それには条件があります。作品の展開を踏まえていること，ブランク以外の言葉の意味を理解して推理していること，あるいはリズムを踏まえていること，こういったことを理由として言葉を考えることが条件になります。

本時の板書構成

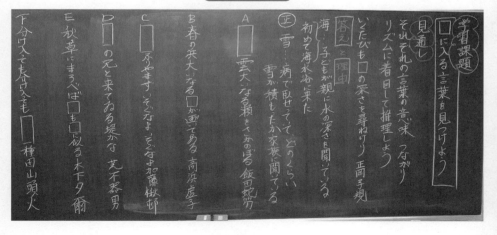

> **板書のポイント**
> ブランクをつくった俳句は，電子黒板で示すのではなく，教師が板書
> し，生徒に視写させる。そうすることで，句の展開に興味をもたせ，言
> 葉の意味やつながりをじっくりと考えさせる。

2　主体的で，力がつく活動にするための３つの配慮

　授業の導入では，ブランクをつくった作品を１つ示し，全員でそこに入る
言葉を考えさせていきます。

　このときに，３つ配慮すべきことがあります。

　１つめは，**まず自分の考えをもたせること**です。

　２つめは，**自分の考えをもたせる際に，作品の展開や言葉の意味，リズム
等の観点から理由づけをさせること**です。

　全体追究に入る前に，こうして短時間，自分の考えをもつ時間をつくるこ
とで，全体追究になったときに仲間の意見を聞く意識が高まりますし，理由
づけすることを通して，俳句を読む力そのものも高まっていきます。

　そして３つめは，**自分が考えた言葉と作者の言葉が異なっていた際の意識
のもち方を説明すること**です。生徒は，ブランクの言葉を考える際に，創造
的，論理的思考を働かせ，ある程度のレベルまで作品世界を構築していきま
す。だからこそ，作者が選んだ言葉を目にしたときに，本来の作品世界が眼
前に広がるのです。従って，自分が考えた言葉がたとえ作者の言葉と異なっ
ていたとしても，活動を通して作品を読み取る力が高まり，一層作品世界を
鮮明に思い描けるようになることを生徒に説明することが必要です。

　導入で活動の意図や方法を理解させたら，班ごとに考える俳句を板書して
いき，全員に視写させ，どんな言葉が入りそうか少し考えさせます。その後
各自で考えさせ，班ごとに考えをまとめ，板書して発表し合います。

※左ページの板書に入る言葉は，「Ａ いわし」「Ｂ 輪」「Ｃ 木の葉」「Ｄ 卒業」「Ｅ 空・海」「Ｆ 青い山」

観点を決めて，
古典二大随筆の個性を比べる

1　比較することで作品の個性を浮き彫りにする

　柔らかなタッチで書かれた「枕草子」と無骨な筆致で書かれた「平家物語」を，その表現の違いや世界観について比較読みをすることは，従来からよく行われてきています。

　しかし，比較読みをすることで互いの個性を浮き立たせることは，随筆である「枕草子」と軍記物語である「平家物語」という両極端な世界を描いたものに対しても効果はありますが，同じジャンルで大きな違いが一見見つからないもの同士に対して行うことの方が実は有効です。

　ジャンルがまったく異なり，まったく違う個性のものは，あえて比べてみなくても，その内容，表現の工夫は理解することができます。けれども，よく似たものであるほど，観点を明確にしていくことにより，大きな違いを発見することができます。

本時の板書構成

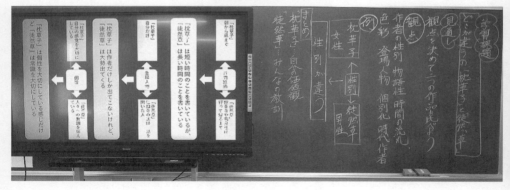

2 観点の共有を行い，思考のスイッチを入れる

　同じジャンルの古典作品に大きな違いはあるのかという疑問をもたせ，「枕草子」「徒然草」を比較することを投げかけると，多くの生徒は活動に対して興味をもちます。しかし，すぐ個人追究に入ると多くの生徒の活動が停滞します。どこに目をつけ，どう考えたらよいのかわからないからです。

　そこで，導入段階で2つのことを行います。

　1つは，**比較のための観点を多数もたせること**です。教師が例示したり，生徒に考えさせたりしたものを板書していきます。もう1つは，**比較の仕方を理解させること**です。その際，それぞれの随筆や，観点，分析結果等のカードの色を変えると，楽しく，思考が焦点化した活動を行うことができます。

　これらは，一つひとつ理解させながら進んでいくことが必要なため，また，生徒がいつでも見られるようにして活動の支援にするために，板書します。

　個人追究の結果は隣同士やグループ内で共有した後，タブレットで教師に送らせます。そして，全体追究の際に電子黒板に映しながら，発表させます。

　終末時には「枕草子」と「徒然草」の違いを端的にまとめさせます。また，他の章段も読んでみるように投げかけます。

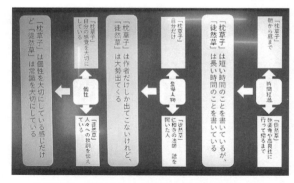

時間経過，登場人物，個性等の観点で比較した例

登場人物の心情を入れて，古典作品を書き換える

1 古典の世界をリアルに感じる

　中学校で学習する古典の代表的な作品と言えば，１年生の「竹取物語」，２年生の「枕草子」「平家物語」，３年生の「おくのほそ道」があげられます。

　卒業生に聞いてみると，これらの中で最も印象が薄い，あるいはおもしろくなかったと感じるのは「おくのほそ道」という回答が多いのですが，それはなぜかというと，「竹取物語」は「かぐや姫」の原典であり親しみやすく，「枕草子」「平家物語」は暗唱を行って記憶に刻まれているのに対して，「おくのほそ道」は，これといった強い印象のある内容や活動に乏しいということがあります。

　また，強い印象がないことの理由として，「おくのほそ道」が淡々とした文体で書かれていることがあげられます。そこで，ここでは本文には書かれていない登場人物の「心情」や「会話文」を現代語訳に入れることで，作品世界をリアルに感じさせます。

本時の板書構成

2 現代語訳に心情や会話を添えていく

本時は，高館に登った芭蕉が北上川を眺めるところから，曾良が「卯の花に兼房見ゆる白毛かな」を詠んだところまでを扱います。

現代語訳をしながら，そこに心情や会話を加えていくことを1時間で扱うと，かなり忙しい授業になります。

そこで，現代語訳は前時に行っておきます。

教師は，前時につくった現代語訳を生徒用のワークシートに入れておきます。その際，**基本的には1文ごとにスペースを取り，そこに心情の記入ができるようにしておきます**。このようにすることで，それぞれの生徒が心情や会話を想起する場所が共通化され，生徒によって解釈の違いがみられたときに，何を根拠にしたのか検討し合い，互いの読みを深め合ったり，広げたりすることができます。

1時間で現代語訳をさせ，心情を考えさせる場合には，現代語訳をさせて心情や会話を加える箇所をさらに狭くする必要があります。

3 地図を使い，場所を把握する

芭蕉が高館に登る場面には「北上川」や「衣川」といった河川の名前や，「和泉が城」「泰衡らが旧跡」といった建造物の名前が出てきます。芭蕉が何を見ていたのか，それらがどのような位置関係にあったのかといったことをおおよそ把握することで，心情を想起することにつながり，想起した心情の確度が高まります。

そこで，前時，現代語訳をさせる際には，教科書に掲載されている地図等

を使いながら，登場するものの位置関係を把握させておくことが必要になります。

4　最初の部分をみんなでつくる

　授業の導入では，現代語訳したものに芭蕉や曾良の心情や会話を描き込んでいくことへの興味づけを図ります。

教師　昨日，高館の場面の現代語訳をしましたが，場面の様子を感じ取ることができましたか？

生徒　文章の意味や場所はわかりましたが，その様子はリアルに感じられません。

教師　そこで，今日は古典の世界をリアルに感じ取るために，昨日現代語訳したものに芭蕉の気持ちや曾良との会話をつけ加えてみましょう。

　このようにすることで，活動に対する興味をひきつけていきます。
　はじめの2文は，全員で考えていきます。

教師　「藤原三代の栄華ははかなく消え果てた。藤原氏の一族の館の平泉館の南大門はここから一里も手前にあるほど，大きな屋敷だった」
　　　　この後はどんな心情や会話文になるでしょうか？

生徒　「そんな大きな勢力をもったものでも滅んでしまうのだ」だと思います。理由は，「藤原三代の栄華ははかなく消え果てた」と「大きな屋敷だった」と書いてあるからです。

生徒　「芭蕉：藤原氏はとても栄えていたのですね」
　　　　「曾良：そんな人々でも滅んでしまうものなのですね」
　　　　だと思います。平泉館の規模の大きさを見た2人は，昔の繁栄を実感したと思うし，それが滅びることに対しての寂しさを感じたと思うからです。

このようにして，生徒に心情や会話文を発表させていき，どう考えていけばよいのか見通しをもたせます。はじめの２文の現代語訳を板書し，その間に生徒が考えた心情や意見を板書し，授業終了時まで残しておき，考え方の手がかりとします。**心情を書き込むか，会話文を書き込むかは生徒に任せ，想像しやすい方で取り組ませます**。また，自分の考えを述べる際には理由づけもするよう指示し，本文を根拠にして考えることを意識づけます。

心情・会話

現代語訳

5　個人で考え，グループで練り上げ，全体に発信する

その後，個人追究に入ります。タブレットが使える環境があれば，教師は前時作成した現代語訳と，訳した文の間に心情や会話文を書き込めるワークシートを生徒に送り，考えさせます。タブレットを使用しない場合でも，紙のワークシートに同様のものを用意して生徒に配付して書き込ませることで，同様の効果を上げることができます。

各自で考えたものは隣の席同士で確認し合います。その際，うまく思いつかなかったところについては補い合い，グループでお互いの考えを発表し合います。

その後，教師にワークシートを提出し，クラス全体で考えを聞き合います。

最後に，必要に応じて，考えを修正したものを教師に提出させます。

小説の助詞・助動詞を変身させて，意味の違いを考える

1 助詞・助動詞を実際に使うことで働きを実感する

　助詞や助動詞といった付属語の学習は，種類や識別の仕方を覚えさせ，テストをしておしまい，といったことが多くなされています。

　文法の学習に使える時間は限られているので，大事なことに絞って学習をするというのはある程度仕方のないことでしょう。

　ただ，それではテストで点を取るためだけの文法の学習，といった誤解を生徒に与えてしまう懸念があります。やはり，文法の学習は，学習内容を理解したうえで，実の場に生かしていくことが本筋でしょう。

　そこで，ここでは助詞・助動詞が実際に大きな役割を果たすことを生徒に実感させるために，文学的文章に書かれている助詞や助動詞を，別の言葉に変身させたり，取り除いたりしたときの意味の違いを考えさせることで，助詞・助動詞の役割に気づかせていきます。

本時の板書構成

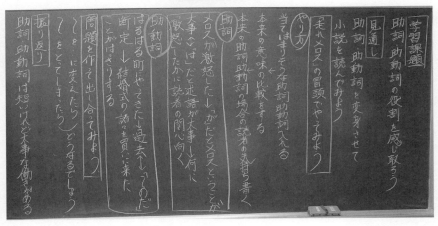

124

2　クイズ形式を取り入れ活動を活性化する

　助詞・助動詞の学習をして，それぞれの役割を知識として理解した後に行います。授業冒頭，「断定」や「伝聞」などの助詞・助動詞の役割をよく理解しているか確認すると，多くの生徒は，「言葉ではわかっていても，その意味はよくわからない」という反応をします。

　そこで，学習課題を「助詞・助動詞の役割を感じ取ろう」とし，助詞・助動詞を変身させて小説を読んでみることを投げかけます。「走れメロス」を教材にして，まず冒頭の1文「メロスは激怒した」について全員で取り組んでみます。「メロスは激怒した」と「メロスが激怒した」を比較させ，格助詞「が」と副助詞「は」の違いから，この1文で何が強調されているのかを考えさせます。すると，「は」を使用していることで，作者はメロスが「激怒」していたことを読者に強く伝えたいということが見えてきます。

　また，言葉を抜いてみることも，「はるばる町にやってきたのだ」の1文を使い，「はるばる町にやってきた」と比較して，意味の違いを検討させます。

　このようにしてやり方を理解させ，板書で明示したら，「走れメロス」の全体を範囲として，個人追究させていきます。その後，グループになり，それぞれの学習内容を交流させていきますが，その際には，例えば「『わしをも仲間にいれてくれまいか』を『わしを仲間に入れてくれないか』に変えると，どのように意味が変わってしまうでしょう」といったように，**クイズ形式にして行うと活動が一層活性化します。**

観点を決めて、
情報を分類する

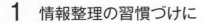

1 情報整理の習慣づけに

　中学校になると、教科担任制になります。

　小学校のころは、一部の教科については教科担任の先生が教えているものの、多くの教科は学級担任の先生が教えています。そのため、一日のうちでどの教科でワークシートを配ったか、どの教科で宿題を出したか、といったことを、担任の先生がすべて把握しています。そうして、担任の先生が子どもの活動の負担のバランスを取っています。

　しかし中学校では、それぞれの教科担任の先生が生徒の宿題や持ち物のコントロールをしています。そのため、生徒自身が自分できちんと整理していかなければなりません。

　ここで行う「分類ゲーム」はバラバラのものを仲間分けしていく活動ですが、こういった学習を通して物事をきちんと整理できるようにして、日常生活にもつなげていきたいところです。

本時の板書構成

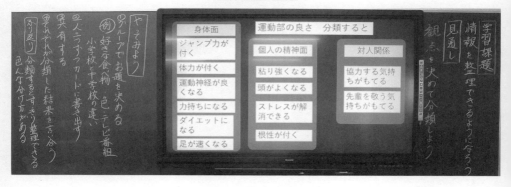

2　クイズ形式を取り入れ活動の活性化を図る

　中学校に入り，自分で様々なことを整理する必要が出てきたことを想起さ
せ，学習課題「情報を整理できるようになろう」を設定します。

　そして本時は，情報整理の1つとして「観点を決めて分類する」ことを活
動の見通しとします。

　まず，生徒は運動部のメリット（文化部でも構いません）をタブレットで
いくつかカードに書き，教師に送ります。送られたものを教師が取りまとめ，
生徒に送ります。生徒はそれを自分なりの観点で分類し，できたら隣同士で
説明し合います。

　**個人追究がはかどらない場合，いったん活動を止め，全体で分類を1つ考
え，再び個人に戻します**。ペアでの活動が終わったら，生徒を指名して，全
体に向けて分類した結果を発表させます。このとき，発表する生徒の分類結
果を電子黒板で映し，共有します。

　続いてグループで同様の活動を行うことを伝え，まずお題を決めさせます。
「好きな食べ物」「小学校と中学校の違い」など，いくつか例を出させること
で，各グループのテーマも考えやすくなります。

　テーマが決まったら，1人3つずつカードに書き出したうえで取りまとめ，
個人で観点を考えて分類します。その後，それをグループ内で発表し合い，
共有します。

　授業の終末には，分類する力を日常生活における情報の整理などに生かす
よう呼びかけます。

イメージ&トレースで，
美しい字の感覚をつかむ

1 字形の特徴と運筆の仕方を知る

　中学校では，書写の授業時数がきちんと確保されない傾向があり，中には年末に書初めの練習だけやっておしまい，というケースもあります。その理由は，国語の教科書にある学習内容を指導することに時間を要するということもありますが，指導する側が何をどう指導してよいのかがよくわからないということがあります。しかし，教師が毛筆で書くことが苦手でも，指導はできます。

　本単元は行書を書きますが，まず大切なことは，楷書との違いを理解させることです。これは，行書で書かれた手本と同じ文字を楷書体でワープロ打ちして，「口」「二」「十」「人」部の筆の動きの違いに着目させるとよいでしょう。次に，デジタルコンテンツを使い，実際に運筆していく過程を見せ，イメージをもたせます。この時点で生徒は「自分にも書けそう」という思いをもちます。

本時の板書構成

> **板書のポイント**
> 行書の筆の流れを動画で示し，運筆の具体的なイメージをもたせる。
> また，１時間の授業の流れを示し，活動の見通しをもたせる。

2 自分の力を知り，なぞってみることで目標に近づく

　生徒のやってみたいという気持ちが高まってきたところで，半紙に１枚書かせます。しかし，手本とは似ても似つかない字がたくさん書かれるのが現実です。スポーツをしたり，楽器を演奏したりするのと同じで，見ているだけでは上手にはなりません。楷書に比べて大人びた雰囲気のある行書が書けそうと思い意気込んでいた授業の空気は，この時点でいったんどんよりするのが自然です。

　しかし，教師がこの空気に負けてしまうと，次の書写の時間から生徒は意欲的に参加することが減り，教師も書写の授業をしようという気持ちがしぼんでしまいます。

　授業で大切なのは，ここからです。

　まず自分が書いた字を手本と比べさせ，どんな点で違うかを分析させます。このときに教師は，**文字の大きさ，上下・左右のバランス，運筆といった観点を示し，比較しやすくします**。そのうえで，指導書などについている原寸大の練習用紙をコピーしたものを半紙の下に敷き，トレースさせます。トレースすることに対しては反対する教師もいますが，**字の大きさをつかんだり，運筆の仕方をつかんだりするためには，実際の文字を写してみることが最も合理的**です。

　トレースして感覚をつかんだと思ったら，手本を見て書いてみます。そして，うまくいかないようであれば，またトレースしてみます。これを繰り返すことで，必ずどの生徒も手本に近づきます。トレースして書き，手本を見て書く時間をできるだけ長く確保することが肝心です。

おわりに

　私は，教師になったばかりのころ，板書に対してあまり重きを置いていませんでした。

　思い出してみると，小学校のときの先生も，中学校のときの先生も，国語の授業では，ほとんど板書をしなかったような記憶があります。そう言えば，大学でも板書の仕方を学んだ記憶がありません。

　だから，というのは言い訳になってしまいますが，教員になってからもいい加減な板書をしていました。

　あるとき研究授業がありました。

　そこで授業者をすることになりました。指導案をつくることはもちろん，発問計画，そして板書計画もつくります。このときに，先輩の先生方から，授業の「めあて」を黒板に書くこと，子どもが出した意見は関連づけて書くことなどの板書の基本を教えていただきました。板書計画をきちんと立てておくことで，研究授業の骨格が定まり，生徒の発言を位置づけていくことができ，板書の重要性をはじめて感じました。

　そのうち，授業をする前には，必ず「板書メモ」をつくるようになっていきました。「板書メモ」は，およそ7cm四方の付箋に本時の板書計画を簡単にメモしたものです。それを授業の前につくっておき，教科書の端っこに貼りつけておきます。授業では，メモに書いた学習課題をそのまま使うこともあれば，生徒の実態に応じてアレンジして使うこともありました。

　こういったことを重ねていくうちに，「板書をもっと図式化したら生徒は考えやすいんじゃないか」とか，「モデルをわかりやすく示してみよう」といった工夫が少しずつ生まれていきました。

本書は，そんなもともと板書が得意でなかった教師がじたばたしながら編み出してきた工夫を集めたものです。

　昨今急速に進んでいる教室のデジタル化への板書の可能性にも触れてみました。各教室の実態に合わせてアレンジ等していただければ幸いです。

　最後になりましたが，明治図書出版の矢口郁雄氏には，大変お世話になりました。心より御礼申し上げます。

2021年11月

小林康宏

【著者紹介】

小林　康宏（こばやし　やすひろ）

長野県生まれ。横浜国立大学大学院修了後，長野県内の公立小中学校に勤務し，長野県教育委員会指導主事を経て，現在，和歌山信愛大学教授。

日本国語教育学会理事。全国大学国語教育学会会員。東京書籍小学校国語教科書「新しい国語」編集委員。東京書籍中学校国語教科書「新しい国語」編集委員。

単著に『ＷＨＹでわかる　ＨＯＷでできる　中学校国語授業アップデート』『大事なことがまるっとわかる　研究主任１年目の教科書』『中学校　国語の授業がもっとうまくなる50の技』『見方・つくり方のすべてがわかる　研究授業パーフェクトガイドブック』『「言葉による見方・考え方」を育てる！　子どもに確かな力がつく授業づくり７の原則×発問＆指示』『基幹学力をつくる音声言語活動』（以上，明治図書），『問題解決型国語学習を成功させる「見方・考え方」スイッチ発問』『小学校国語「見方・考え方」が働く授業デザイン』（以上，東洋館出版社）

ICT活用から思考ツールまで

中学校国語の板書づくり　アイデアブック

2021年12月初版第1刷刊　ⒸＣ著　者　小　　林　　康　　宏
　　　　　　　　　　　　発行者　藤　　原　　光　　政
　　　　　　　　　　　　発行所　明治図書出版株式会社
　　　　　　　　　　　　　　　　http://www.meijitosho.co.jp
　　　　　　　　　　　　　（企画）矢口郁雄　（校正）大内奈々子
　　　　　　　　　　　　〒114-0023　東京都北区滝野川7-46-1
　　　　　　　　　　　　振替00160-5-151318　　電話03(5907)6701
　　　　　　　　　　　　ご注文窓口　　電話03(5907)6668
＊検印省略　　　　　　　組版所　広　研　印　刷　株　式　会　社
本書の無断コピーは，著作権・出版権にふれます。ご注意ください。

Printed in Japan　　　　　　　　　ISBN978-4-18-320334-2
もれなくクーポンがもらえる！読者アンケートはこちらから

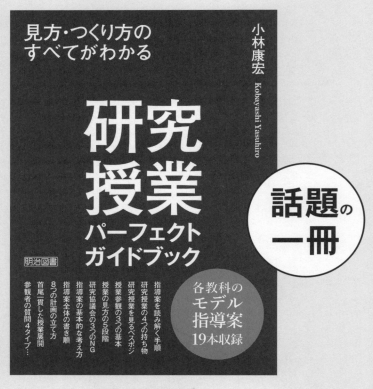

HOW でできる
WHY でわかる

中学校
国語授業
アップデート

Kobayashi Yasuhiro
小林康宏

授業技術向上、授業改善のための必読書！

　授業の導入、生徒の指名から、板書の構造、
学習評価まで、日々の国語授業を隅々に至るま
で改善するための具体的なアイデアを紹介。
　WHY（わかる）→HOW（できる）の２段階
解説により、「なぜそれが必要なのか」「どうす
ればよいのか」が深くわかります。

224 ページ　四六判　定価 2,200 円（10%税込）　図書番号：3973

HOW でできる
WHY でわかる

中学校
国語授業
アップデート

Kobayashi Yasuhiro
小林康宏

授業の導入
生徒の指名
生徒の発言の聞き方
主体性の評価
指導事項の絞り込み
パネルディスカッション
話し合いの深まり
グループでの話し合い
板書の構造
指導の効率化
「見方・考え方」の働かせ方…

理由（WHY）と
方略（HOW）を
同時に知れば、
あなたの授業は
**もっと
よくなる**

中学校 国語の授業がもっとうまくなる50の技

小林 康宏
Kobayashi Yasuhiro

ワンランク上の国語授業を目指す全ての先生のために

教科書に沿って無難に授業はできるけど、それだけでは物足りない。そんな先生が国語授業の質を一段引き上げるための一冊。より厚みのある単元、1時間の授業のつくり方から、より効果的な板書、発問の仕方まで、国語授業名人が絶対外せない50の技を伝授。

152ページ A5判 定価2,090円（10%税込） 図書番号：2932

もくじ